행복을 위한
창의적인 리더십

최 원 식 지음

부산대학교출판부

Power Global Leadership

Learning

Energy

Advanced

Dream

Etiquette

Relation

Speech

Humor

Innovation

Predict

Dr.Choi(2006)

Prologue

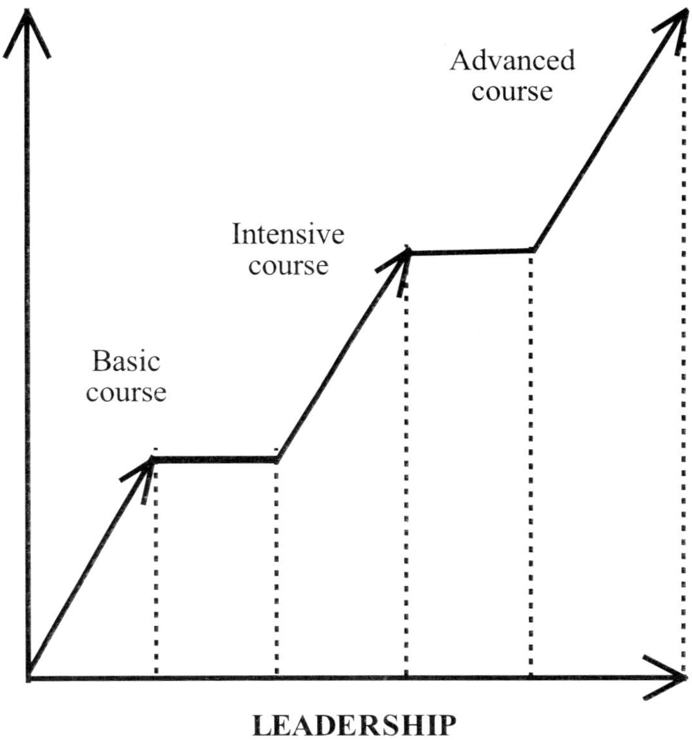

리더가 되기 위해서 우선 학습을 통한 자기계발이 필요합니다. 학습(learning)을 잘하기 위해서는 학습의 기술이 필요합니다.

학습의 기술은 인생의 목표에 따라 자신의 현재 상태를 평가하여 다음과 같은 단계를 거쳐서 스스로 학습의 기술을 익혀야 합니다.

첫 번째 단계에서는 여러분의 인생목표를 분명히 설정하여야 합니다.
고등교육을 받았거나 받고 있는 상태라면 삶의 의미와 인생목표를 설정하고 이것을 마음속에 분명히 심어두고 다음 단계를 진행해야 합니다.
두 번째 단계에서는 언제 어디서 어떻게 학습해야 효율성과 효과성이 극대를 이루어 나의 목표에 정확히 도달할지 그래프와 도표를 그리면서 계획을 세우되 장・단기 계획을 자신의 능력에 맞게 세워야 합니다.
세 번째 단계에서는 이와 같은 계획을 달성하기 위한 방법을 구체적으로 생각하고 장애물을 미리 체크하여 해결하고 지속적인 피드백(feedback)전략을 구상하여 목표와 꿈에 접근해야 합니다.

Table1. 효과적인 학습법을 찾기 위한 방법

	아침	점심	저녁
학습이 잘되는 시간			

	10분	20분	30분	1시간
적절한 휴식시간				

	도서관	집	학교	기타
학습 장소				

	혼자서	친구와	음악 듣고	기타
학습 방법				

	4시간	5시간	6시간	7시간	기타
나의 수면시간					

Table 2. 기억법의 종류

3위일체법	기억하고 싶은 것을 보고 쓰고 읽으며 이해하여야만 기억할 수 있다.
요청법	기억하고 싶다고 머리로 요청해야만 모든 것을 기억 할 수 있다.
반복학습법	오늘 다 기억한 것을 오후나 다음날 기억을 위해서 몇 번을 반복학습을 해야 한다.
스토리 텔링법	어떤 것과 연관시켜서 이야기 식으로 암기 하는 것이 보다 효과적인 방법이라고 할 수 있다.

차 례

★ 리더의 자격

진정 내가 원하는 것은 무엇인가?

나는 리더가 될 자격이 있는가?

나는 왜 리더가 되고 싶은가?

과연 이 과정을 통해

나도 행복을 위한 창의적 리더십 강의를 할 수 있을까?

Say! Yes!

1. LEARNING - 리더의 자기계발

1.1 자기계발 성공전략 10가지

◆ 다양함을 인정하라 ◆

나와 다르다고 비난하지 마라.

그들에게 틀렸다고 말하지 마라.

마음에 들지는 않지만, 그냥 나와 다름을 인정하라.

그들도 나와 마찬가지로 나를 보면서 틀렸다고

비난하고 싶을 때도 있는 거니까.

나와 같은 성향의 사람들 속에서는 최대한 즐기면 될 것이고,

나와 다른 성향의 사람들 속에서는
내가 보지 못하는 다양성을 배우면 될 것이다.

자신이 가지지 못한 성향을 들여다볼 수 있는
아주 좋은 기회로 삼아라.
그리고 자신과 타인 모두에게 선을 긋지 마라.
' 난 이래서 안 되고, 넌 이래서 나쁘고...'
'난 저래서 못하고, 넌 저래서 나랑 안 맞고...'
등등의 선을 긋지 말아라.
선을 긋는 순간 당신의 인생 범위와 사고의 폭은
그만큼 좁아지는 것이다.
절대 그 이상의 인생은 살 수 없게 된다.
즉 선 밖의 나머지 인생을 들여다볼 수 있는
좋은 기회를 놓치게 되는 것이다.

◆ 자신의 한계를 시험해보는데 두려워말고 도전하라 ◆

우리의 한계는 끝이 없다.
해보지 않고 무조건 안 된다고 말하지 마라.
위험만 생각하면서 미리 걱정하기보다는
기회를 생각하면서 즐거워하라.
위험보다는 기회에 초점을 맞추어 도전하고 행동해 보라.
만의 하나 잘못되면 어쩌나 하는 두려움 때문에
9,999번의 기회를 놓치는 바보 같은 짓을 범하지 마라.
좌절은 자기를 믿지 못해서 희망이 없어진 상태를 말한다.
스스로 희망을 버리지만 않는다면,
끝까지 노력할 자신을 믿는다면,
그리고 그렇게 노력하는 자신을 사랑할 수 있다면
우리에게 좌절이란 있을 수 없다.

◆ 최대한 경험하라.
그리고 다하지 못한 경험은 책을 통해 배워라 ◆

경험은 매우 중요하다.
해볼 수만 있다면
경험처럼 많은 것을 터득하게 해주는 건 없다.
수십 권의 책보다, 수많은 이론들보다
한 번의 경험이 훨씬 낫다.
하지만 우리는 한정된 삶을 살아가기에
모든 것들을 다 경험해볼 수는 없다.
가장 값싼 돈으로
최고의 경험을 할 수 있는 도구가 바로 책이다.
책은 가장 적은 비용을 들여서 가장 많은 것을 깨닫게 해주는
최고의 선물인 것이다.

◆ 성실하라 ◆

아무리 탁월한 능력과 재능의 씨앗이 있을지라도
성실이란 밭이 없으면 그 씨앗은 자라날 수 없다.
우리가 소중히 여기는 수많은 가치가 있더라도
성실이란 가치가 우선하지 않는다면
다른 가치들은 빛을 발하지 못할 수도 있다.
성실은 그 자체로 하나의 가치라기보다는
다른 모든 가치들을 보장해주는 또 다른 가치인 것이다.
성실하지 못한 천재보다는 성실한 평범한 사람들이
이길 수 있다는 것을 명심하라.

◆ 여행을 하라 ◆

사실 여행이라는 것은
돈과 시간과 호기심의 3박자가 맞아야 할 수 있게 된다.
학생 때는 돈이 없고, 직장을 다니면 시간이 없고
두 가지가 다 갖춰질 때까지 기다리다가는
다리 힘이 빠져 다닐 수 없는 나이가 될지도 모른다.
그럼 어떻게 해야 할까?
그때마다 할 수 있는 한 미루지 말고 요령껏 여행을 하라.
하루 만에 하는 여행도, 며칠이 걸리는 여행도 좋다.
비행기나 버스보다는
기차를 이용한 여행과 도보로 하는 여행을 권하고 싶다.
내 경험을 통해 보니
비행기는 너무 빨리 내려 생각할 여유가 없다.
버스는 몸이 쉬 피곤해진다.
적당한 시간이 걸리는 기차가 제일이다.
그리고 도보여행을 권하는 것은
개인적으로 걷는 걸 참 좋아하는 나의 성향 때문이기도 하며,
앞으로 그런 여행을 해보고 싶은 마음 때문이다.

◆ 쓸모없는 교제를 하지 마라 ◆

많은 사람들은 직업생활초기에
안 좋은 인간관계에 엮여 쓸모없는 친구들을 사귄다.
이는 매우 정상적이고 지극히 자연스러운 일이다.
하지만 잠재능력을 완전히 발휘하지 못하는
그런 상황에 계속 머물러 있게 된다면,
당신은 최고의 실력자가 될 수 없다.
자기 분야의 최고가 되고 싶다면,
아무리 좋은 사람이라 하더라도
삶의 지향점이 없는 사람과는 시간을 허비하지 마라.
왜냐하면 어떤 사람과 교제하는가가
당신이 어떤 사람이 되는가에
가장 큰 영향을 미치기 때문이다.
당신이 좋아하고 존경하는 사람들,
친구나 동료에게 자랑스럽게 소개해줄 수 있는 사람들과
교제하라.
긍정적이고 목표지향적인 집단을 선택해서 그들과 함께 하라.
당신의 일은 활력을 띠기 시작할 것이다.
진정 독수리가 되고 싶다면, 독수리 떼와 함께 날아야지
칠면조 사이에 끼여 바닥을 긁고 있어서는 안 된다.

◆ 팀플레이어로서의 자질을 키워라 ◆

21세기는 수평사회의 시대이다.
그런 만큼 팀플레이어의 자질은 매우 중요하다.
훌륭한 팀플레이어가 되기 위해서는 남보다 먼저 말하고
적극적으로 질문하는 자세를 가져라.
그리고 설사 무보수일지라도 책임을 맡는 임무에 자원하라.
좋은 기회가 될 것이다.
그리고 맡은 역할에 최선을 다하고
철저히 준비하는 자세를 가져라.
앞으로의 사회는 남과 잘 어울리지 못하는 사람보다는
남과 잘 어울릴 줄 아는 사람이 성공할 수 있는 시대이다.
사회성 지수(Social Quotient)가 높은 사람이
성공하는 시대임을 자각하라.
또한 비즈니스는 곧 커뮤니케이션임을 자각하고,
커뮤니케이션의 기술을 익히도록 노력하라.

◆ 약속을 잘 지켜라 ◆

아무리 사소한 약속일지라도,
중요하지 않은 사람과의 약속일지라도
약속을 했다면 반드시 지키도록 하라.
지키지 못할 약속은 처음부터 하지 않는 편이 낫다.
차가 막혀서, 갑자기 급한 일이 생겨서 등등의
변명을 하지 않도록 미리미리 준비하라.
약속 장소에는 상대보다
10분에서 30분 정도 먼저 나가 있어라.
그리고 그 시간동안 조용히 앉아
기다릴 상대를 생각해 보는 것도 좋고,
가져간 책을 보는 것도 좋다.
그리고 만날 사람이 비즈니스 상대라면
그 날 할 얘기의 요점들을 마음속으로 정리해보는 것도 좋다.
비즈니스에서의 칼자루는 항상 먼저 자리를 지키고
여유 있게 기다리는 사람이 쥐고 있다는 사실을 잊지 마라.

◆ 타고난 자신의 재능을 찾아내어 개발하라 ◆

누구에게나 자기만의 재능은 있기 마련이다.
다만 찾지 못했을 뿐이다.
자신에게 완벽하게 맞는 분야만 발견한다면,
당신은 단 2~3년 만에 지난 20년 동안 이룬 것보다
더 많은 것을 이룰 수 있다.
하고 싶은 일을 한다는 것은
항상 최상의 기분과 최고의 행복감을 느낄 수 있는 지름길이다.
당신에게 있어서 아무런 보수가 없이도 할 수 있는
그 일이 무엇인지를 찾아라.
그럼 대부분의 성공자들이 말한 것처럼
당신 입에서도 이 말이 자연스럽게 나올 것이다.
"난 내 평생 단 하루도 일한 적이 없다"
즉, 취미 같은 일을 평생 갖게 되는 것이다.
취미 같은 일을 하면서 살아가게 될
당신의 나머지 인생을 한번 상상해보라.
저절로 얼굴에는 미소가 생기게 될 것이다.

◆ 배움을 통해 끊임없이 자신을 다듬어 나가라 ◆

당신이 습득하고 싶은 분야의 기술 영역에 대한 글을
매일 30분 이상 읽어라.
우리는 지식이 축적되고 더 많이 배울수록
그 일을 더 잘 해낼 수 있게 되며,
자신감은 더욱 커지게 된다.
그 주제에 관한 미팅, 세미나나 워크샵에
정기적으로 참석하도록 하라.
그리고 배운 것을 가능한 한 빨리 실천하는 것이다.
배우고 있는 바를 실천할수록
당신은 그 분야에서 더욱 유능해지고
더 많은 자신감이 생기게 된다.
배움을 통해 끊임없이 자신을 다듬어 나가라.
수백 가지를 배우고 실천하지 않는 것보다는,
한 가지를 배우더라도 그것을 행동으로 옮기는 편이 더 낫다.

1.2 자기계발 7계명

◆ 가까운 인간 자본부터 찾아라 ◆

인간으로 태어난 자체가 선택 받은 존재다.
재능이 없다고 탓할 이유도
행운이 안 따른다고 불평할 필요가 없다.
나를 찾고, 키우고, 발전시켜 나의 쓰임새를 키우는 주체는 나다.
자기계발은 지속적인 노력과 시간을 필요로 하므로,
먼저 관심만 가지면 할 수 있는 인간자본을 확보하는
자기계발 부터 해야 한다.
나의 밝고 투명한 마음의 눈으로 상대의 장점을 인정하고,
겸손으로 매력을 만들고, 동지의식으로 함께 하면서
따뜻함을 주는 화술로 사람을 얻는 친밀감 개발,
아이디어와 창의력, 스토리 구성력과 디자인 능력으로
사람을 끌 수 있는 창의력 발굴,
미래를 읽고 방향을 제시하고, 새롭고 유익한 생산으로
사람을 이롭게 하는 인간전략 개발 등
인간 가치를 먼저 생각하고,
더불어 유익할 수 있는 생각을 하면
나의 인간 자본이 확대된다.
인간 자본을 얻기 위한 자기계발은
인간에 대한 이해와 관심에서 나온다.

◆ 나를 경영하라 ◆

인간 자본을 찾았다면
나를 경영하는 자기계발을 해야 한다.
경영은 나에게 맞는 공간과 시간을
선택할 수 있는 능력을 키워주고,
에너지를 집중할 대상을 찾게 하고,
내가 갈 길에 부작용과 장애가 발생하면
극복할 수 있는 정비 능력을 제공한다.
자기계발에 경영을 접목하면,
불완전 요소 식별, 나의 전략 요소 파악과 육성,
더불어 협조할 요소와 세상을 바꿀 요소를 찾게 만든다.
경영 기법으로 나를 계발하여 목표를 정하고 일을 추진하면
나를 객관적으로 보는 힘이 생기고,
나를 시스템으로 관리할 수 있고,
육체와 영혼의 조화로 균형을 찾고,
위기관리를 통해 효율적 운영을 하고,
가용 요소를 배합하여 최대의 가치를 창조한다.
경영을 통한 자기계발을 하려면 자기계발 목록을 작성하고,
현재 나의 가치 파악과 나의 부족함 분석,
인생 장기 발전계획 수립,
단계별(성장, 생산, 생각, 인생 마무리)로
자기계발을 해나가야 한다.

◆ 다양한 창의력 키우기 ◆

끝없는 변화를 추구하는 욕구를
만족시키는 것 중의 하나가 창조다.
창조는 없던 것을 만들고, 불편한 것을 개선하고,
필요한 것을 새로 개발하고, 제도나 규제로 막힌 것을 풀고,
기존의 것을 발전시키는 것 등
없던 것을 새로 만드는 활동이다.
창의력은 누구나 지닌 자본이면서
자기계발을 해야 열리는 문이다.
창의력은 문제의식과 연결된 생각에서 시작되고,
현실의 불편을 개선하고,
새로운 세상을 위한 집요한 노력과 절박함의 산물이다.
창의력은 우연히 생기는 것도 있지만
집요한 자기계발의 산물이다.
사물과 현상을 들여다보면서 직무관련 지혜를 찾고,
사물을 분해하고 쪼개보는 분석력,
관련 없는 이것과 저것을 연결해보는 실험정신,
이것저것을 섞어보는 제조정신,
멀리 내다보는 통찰력으로
인생 승부를 걸 종목을 발굴하고,
버릴 것은 버리면서 창조 에너지를 확보해야 한다.

◆ 자기계발에는 라인이 없다 ◆

라인을 벗어난 축구공은 멈추지만
자기계발에는 라인이 없다. 전천후다.
사회적 제약과 기득권의 눈치를 살피면
탈바꿈 식 자기계발은 어렵다.
꽃이 핀다고 다 열매가 되지 않는다.
억센 생명력으로 살아남아야 열매를 맺는다.
일반적인 자기계발은 자기 브랜드 가치를 높이고,
자기만의 가능성을 찾고 실천하게 하지만,
세상을 바꿀 정도의 혁신적 자기계발은
세상 공부로 안목을 키우고,
다양한 실험정신과 불굴의 의지를 필요로 한다.
혁신적 자기계발은 고정 무대가 없고,
자기만이 잘 할 수 있는 능력을 발굴하고 집중하고,
모든 것을 동시에 할 수 없기에
순차적인 절차를 세우고,
실천 후 분석으로 단기 목표를 수정하고,
사소한 것도 꼼꼼하게 살피는 섬세함을 갖추고,
함께 할 사람과 정보를 획득하고,
평생의 숙원 사업으로 추진해야 한다.

◆ 마를 식별하고 자기 히든카드를 보이지 마라 ◆

자기계발은 자기 발전을 위한 투자,
자기 가치 하락을 방지하는 노력이며,
자기 가치를 상승시키는 투자다.
자기계발 투자는 배신도 낭비도 없이 반드시 자기에게로 돌아가며,
자기 가치와 기능을 유지・발전시키고, 확실한 미래를 보장한다.
그러나 좋은 일에는 항상 마(魔)가 따른다.
마는 에너지가 넘치는 것을 조율하고,
경솔한 자가 중앙 무대로 진출하는 것을 막고,
세상에 진리와 순서가 있다는 것을 알려주는 교사지만,
마를 이기지 못하면 발전이 없다.
마에는 안전사고처럼 이유를 알 수 없고,
원인과 결과가 일치하지 않는 마도 있고,
비교하고 의심하는 마, 상대를 인정하지 않으려는 마,
어둡고 건조한 마처럼 내가 만든 마(魔)들이 있다.
자기계발을 하려면 마를 식별하고, 제어하고, 극복하는
영적인 힘이 있어야 한다.
마가 왔다고 자기의 히든카드를 보이지 마라.
진솔이 모든 영역의 정답은 아니다.
때로는 진솔이 관계 정리를 어렵게 하고,
인간 배신의 무기로 돌아올 수도 있다.

◆ 바보처럼 우직하게 자기를 계발하라 ◆

자기계발은 지구력을 필요로 하는 인생의 장기 과제다.
자기계발은 나의 재능을 찾고 키우는
노력과 일과 인간에 대한 투자,
미래 세상을 탐색하고 미리 투자하는 장기 전투다.
자기계발만이 미래 성공의 기반임을 인식하고,
자기계발 소요와 우선순위를 정하고,
성과가 더디게 나타나더라도
우직하게 버티는 힘이 있어야 한다.
자기개조, 자기 업그레이드, 자기 탈바꿈은
성실한 지구력이 있어야 가능하다.
우직하지 않으면 나쁜 습관 하나도 고치지 못한다.
현재 고통과 불편을 느끼는 분야, 그동안 속고 착각한 분야,
꼭 이것만큼은 발전을 시켜서
인류에 기여하고 싶은 분야에 도전을 하려면
자기 인생을 걸 정도의 배짱과 뚝심이 있어야 한다.

◆ 사랑하는 마음으로 자기계발을 하라 ◆

인간은 영성을 지닌 존엄한 존재다.
나는 나를 창조하고,
나를 사랑하고 나의 행복을 책임져야 하는 행복의 CEO다.
행복한 CEO가 되려면 나의 생명의 존엄성을 지키고,
일을 통해 보람을 느끼고, 나를 진보시키는 자기계발을 해야 한다.
일반적인 자기계발은 자기를 냉정하게 볼 수 있는 냉정한 가슴,
자기창조의 에너지를 공급하는 열정, 미래 쓰임새를 위해 내다보는 힘을
필요로 하지만, 혁신적 자기계발은 의지만으로 진행하는 것은 한계가 있다.
나와 우리, 국가와 인류를 생각하는 사랑의 에너지가 있어야
자기계발에 지구력과 탄력이 생긴다.
미래가 요구하는 재능을 찾고, 수련하고,
나의 가치를 높였다가 세상에 크게 기여할 수 있는
기회를 잡아야 한다.
혁신적 자기계발은
함께 살려는 정신, 더불어 사는 신명나는 세상,
다수를 이롭게 하려는 홍익정신,
인류의 평화와 발전을 생각하는 사랑의 에너지를 필요로 한다.

2. ENERGY - 리더의 건강

스트레스를 잘 조절하는 리더가 되어야 한다.

스트레스(STRESS) 란 우리말로 화(禍) 즉 분노를 말한다.

스트레스는 누구나 혹은 언제나 받고 있다. 상황은 같아도 자기의 생각과 상대방의 생각의 차이에서 화가 난다. 즉 '너와 나는 생각이 달라.', '내 생각이 맞고 네 생각은 틀려.'는 많은 차이가 있다. 역시 생각이 다르거나 틀린 것에는 문제가 있다는 것이다.
그래서 그 문제 해결방법을 찾아야 한다.
그 해결방법을 찾지 못하면 우리는 화가 난다. 화를 내면 뇌 속의 해마가 작동하는데 해마는 작아지고 건강을 해치게 된다. 그래서 화를 내기 전에 우리는 인간이기에 화를 내야할지 말아야 할지를 순간 생각해보고 결정해야한다. 진정한 리더는 늘 화를 내기 전에 참아야할지 내야할지를 전체 그룹을 위해서 이익인가 아닌가를 먼저 생각해야 한다.
회사나 단체의 리더는 회사와 단체의 이익과 행복을 위해서는 화를 함부로 내어서는 안 된다.

가정의 가장으로서는 특히 가족관계를 이루기 위해서는 대단히 중요한 것이 화를 조절하는 것이다. 스트레스는 전염병과 같으며, 습관성이 강하다.

3. ADVANCED - 리더의 창의성

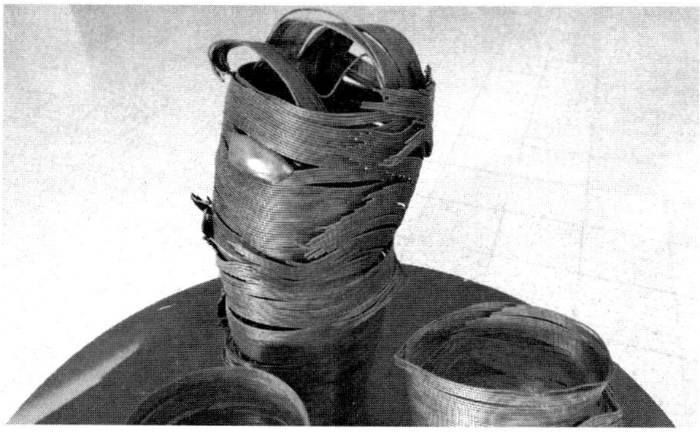

창의성(Creativity)은 창의력, 창조성 혹은 창의적 아이디어라고도 하며 모든 사람들이 가지고 있는 능력으로서 새롭고 유용한 산물을 만들어 내는 능력이다.(Lubart, 1994)

창의성은

① 창의적인 사람(person: P)

② 창의적인 과정(process: P)

③ 창의적 산물(product: P)

④ 창의적 환경(press: P)

을 포함하는 4P의 관점에서 다루어지기도 하였다.

과거에는 4P의 각 요소들에 초점 맞추었으나,

점차적 이들의 상호작용을 강조하는 방향으로 전개 되고 있다.

최근에 와서는 창의성에 대한 생각은

점차 통합론 적으로 발전되기 시작했다.

즉, 창의성은 문제 상황에 있어서,

사고과정, 산출물, 성격, 환경이 상호작용하여

발휘되는 것으로 인식되고 있다.

오늘날 창의성은 모든 인간의 삶에 있어

거의 모든 영역에 필요하다.

즉, 4E의 측면에서 창의성을 발휘해야 하는

시대적 요구에 처해 있다.

4E란

'Everybody' - 모두에게

'Everyday' - 언제나

'Everything'- 무엇이든

'Everywhere'- 어디에서나 를 의미한다.

소수의 천재들만이 아닌

모든 사람이 창의성을 가지고 있고,

사소한 일에서부터 아주 전문적인 수준에 이르기까지

창의성을 발휘할 필요가 있다.

미국의 심리학자로서 정신측정 전문가이며

정신인자 분석 등의 수학적 모델을 사용해서

지능이나 인격에 대한 연구를 실시했던

길포드(Guilford J.P)는
창의력이 '창조적인 사고'와
이를 실현하기 위해서 필요한 '창조적인 기능'을 포함한
창조적 능력'을 말하는 것이라고 정의했다.
지능과 자주 비교되며 좁은 개념의 지능은
지식의 유무로 판단할 수 있으며,
지능 테스트는 문제의 답이 하나이지만
창조력 테스트에 대한 해답은 여러 가지이다.
길포드는 <표 1>창의력의 6가지 요소를 주장하였다.

〈표 1〉 길포드의 창의력 6요소

6요소	영 어	내 용
1. 문제에 대한 감수성	Sensitivity to problem	무엇이 문제인지 파악하고 중요한 힌트를 놓치지 않는 감각
2. 사고의 유창성	Fluency	빠른 사고와 단시간에 많은 발상은 할 수 있는 힘
3. 사고의 유연성	Flexibility	한 가지 면뿐만 아니라 여러 가지 관점에서 넓게 발상할 수 있는 힘
4. 사고의 독자성	Originality	당연하게 받아들이지 않고 새로운 방식으로 생각하는 힘
5. 재구성하는 힘	Redefinition	여러 정보를 재검토해 다시 연결해서 새롭게 정의할 수 있는 힘
6. 구체화하는 힘	Elaboration	추상적인 것이 아닌 구체적이고 실현 가능한 것을 생각해내는 힘

창의적 아이디어는 엄격한 논리와 지식이 근간이 되지만,
가장 핵심적인 것은 '상상(imagination)의 힘'이다.
급속히 변화하는 시대란 상상력이 곧 파워가 되는 시대를 말한다.
예를 들면, 2000년대 들어오면서 전 세계적인 베스트셀러가 된
'해리포터', '반지의 제왕'같은 소설은 물론
이름 댈 수 없는 많은 영화나 3D 컴퓨터 게임을 보면
상상은 이제 더 이상 개인적 차원에서 다룰 문제가 아니다.
상상이 교육되어야 하고, 시대적인 화두가 되어야 한다는 시사점을 제공하고 있다. '상상이란 무엇인가?'에 대해서는 여러 가지 생각들이 제시되고 있다.
상상은 선행 경험을 해체해서
새로운 형태로 재구성하는 과정이다.
예컨대 사람에 대한 지각과 사자에 대한 지각을 해체해서
호랑이의 머리를 한 사람의 모습을 그리거나
기차를 타고 하늘로 올라가는 등의
새로운 상을 만들어 내는 것이다.
상상은 이미 아는 사실이나 관념을 재료삼아
새로운 사실이나 관념을 만드는 마음의 작용이라 하여
구상이라고도 쓰인다.
상상은 어떤 장면이나 상황, 그 정서적 분위기를
매우 사실적으로 생생하게 재연하는 정신력이라고도 한다.
과학과 기술 분야, TV, 영화, 소설에서
상상력이 풍부한 것들이 인간의 관심과 자본력은 물론

미래로의 세계를 열어 주고 있다.
예를 들면 자동차와 비행기, 컴퓨터, 영화'ET',
해리포터 시리즈 등이 대표적이다.
인간의 기본 정신 활동으로서의 상상에 대해
크게 두 가지 대립되는 관점이 맞서 왔다.
하나는 열등한 정신 활동으로 상상을 보는 접근이다.
즉 상상을 이성이나 합리성의 면보다는 오히려
교육적으로 억제해야할 비이성이나 비합리성의 차원에서
보는 것이다.
상상력을 비합리적이라고 보았던 데카르트(Descartes)에 따르면
"내가 가지고 있는 상상의 힘은 나의 본질을 위해 전혀 쓸모없는 것이다… 왜냐하면 비록 그것을 갖고 있지 않아도 나는 지금 여기에 같은 방식으로 존재할 것이기 때문이다"
라고 기술하여 상상이란 설명이나 진정한 이해의 추구를 방해하는 환상이며 환각에 불과한 것으로 다루었다.
이와는 대조적인 관점은
상상이 창의적인 문명과 인간의 삶의 개선에
기초가 될 수 있다고 보는 것이다.
즉, 상상이 허구와 왜곡을 의미하는 것이 아니라
기존에 있는 실체를 변형하고 조합하여
새로운 것을 창조해 내는 활동이며,
아인슈타인(Einstein), 맥스웰(Maxwell), 패러데이(Faraday),

헬름홀츠(Helmhotz), 와트(Watt) 등과 같은
과학자들의 창의적 성취에 주된 역할을 해왔고,
사물을 인지적으로 구성・재구성하는 데에
기본적으로 작용함으로써
창의적인 과정이 된다는 것이다.
즉, 상상은 인간의 창의적 과정과 결과에
결정적으로 작용한다는 주장이다.
일반적으로 문제에서 창의적 아이디어를 내놓게 된다.
문제는 잘 정의된 문제(well-defined problem)와
잘못 정의된 문제(ill-defined problem)로 나누어 볼 수 있다.
출발점 상태, 목표 상태, 출발점에서 목표에 도달하기 위해
이용될 수 있는 일련의 과정이나 여러 가지 조작들을
완전히 상세하게 설명해 주는 경우에
그 문제는 잘 정의된 문제로 분류할 수 있다.
예를 들어, 곱셈 문제는 이러한 각각의 규준에 합당하기 때문에 전형적으로 잘 정의된 문제로 간주된다.
반면에 잘못 정의된 문제는,
한 가지 이상의 만족스런 해결책이 있을 수 있기 때문에
명확하게 구체적으로 목표 상태를 설명할 수가 없다.
잘못 정의된 문제에서,
목표 상태에 도달하기 위해 필요로 하는 여러 가지 조작은,
잠재적으로 수많은 해결책들이 만들어질 수 있기 때문에,

그리고 그 해결책에 도달하기 위해서
이용될 수 있는 방법이 한 가지가 아니라
여러 가지가 될 수 있기 때문에
구체적이고 명확하게 규명될 수가 없다.

<새로운 발상 사례>

[비즈니스맨 개인 문구 개발 프로젝트]

비즈니스 관련 책을 출판하는 대형 출판사가
비즈니스 문구 분야에 새롭게 진출하고 싶다고 한다.
판매 루트는 서점을 통해서.
그리고 비즈니스맨 개인이 사용하는 문구에 한정해서
신제품 개발을 하고 싶다는 의뢰가 들어왔다.
그 일을 담당하게 된 히토시씨는 즉시 일에 착수했다.
신제품 개발의 어프로치 방법은
다음과 같은 여러 가지가 있다.

- 유통 분석형 : 판로의 특색을 가지고 발상한다.
- 라이프 스타일 : 마케팅 대상의 생활 모습에 맞추어 상품을 발상한다.
- 선행 지표형 : 해외 시장을 모델로 한다.
- 틈새 시장형 : 타사가 진출하지 않은 분야를 찾는 발상을 한다.

문구는 성숙 상품이 많으니까 선행형은 어떨까,
서점 루트이므로 유통형은 적합하지 않을 것이다.

히토시씨는 여러 가지로 생각했지만
결국 라이프 스타일로 결정했다.

<u>우선 시장 분석이다.</u> (공간형법)
국내외에 비즈니스맨을 위한 문구는 어떤 것이 발매되고 있나?
모든 잡지, 신문, 각종 상품 사전, 업계 소식지,
카탈로그와 수많은 샘플을 모았다.
비즈니스맨이 문구를 어느 정도 사용하고 있나?
시장의 사이즈를 숫자적으로 추적해 보았다.
그리고 비즈니스맨을 몇 개의 패턴으로 나누어,
그룹 인터뷰를 하여 살아 있는 목소리를 모았다.
또 각종 정보도 종합했다. 공간형의 종합이다.
다음은 비즈니스맨이 어떤 라이프 스타일을 갖고 있나?
그리고 문구를 사용하는 찬스는 주로 어떤 때인가를 분석했다. 동시에 개인용 문구의 기능은 어떤 것이 있는가를 분석했다. (브레인스토밍 발상) 분석을 하고 나서
비즈니스맨의 발상의 장소가 잠자리나 자동차 안,
혹은 걸어갈 때라는 결과가 히토시씨의 눈에 띄었다.
'오피스나 집에서의 문구는 많이 있지만
거리에서 사용되고 있는 것은 적다.
비즈니스맨의 라이프에 대응한 상품개발을 생각하자.'
그래서 히토시씨는 팀원들과 토론을 하기 시작했다.

(CBS법) 여러 가지 아이디어가 나왔다.

라이터가 달린 펜, 펜과 메모지가 함께 있는 것,

끝 부분이 금속이 아닌 고무나 부드러운 것으로 되어

위험하지 않는 것, 타이핑 그자체가 볼펜이 되어 있는 것 등.

이렇게 해서 몇 백 개의 아이디어가 나왔다.

그 중의 하나가 펜과 메모지가

함께 되어 있는 것이라는 라이프 아이디어로부터

정리된 것이 메모지가 달린 펜이다.

아이디어가 결정되자 즉시 토론을 통하여

(브레인 라이팅법) 네이밍을 결정하고 로고, 크기,

색 들을 디자이너와 함께 결정하여 신제품이 탄생하였다.

이렇듯 창의적인 사고와 다양한 창조적 기법을 통하여

새로운 상품을 개발하고 또는 디자인하고

경영하는 사례들이 많이 있다.

그러면 이렇게 새로운 발상을 얻기 위한

창조적인기법에는 어떤 것들이 있는지 알아보도록 하자.

<새로운 발상을 얻기 위한 창조적 기법>

새로운 발상을 얻기 위하여 과거부터 많은 사람들이

연구하고 개발하여 다양한 기법들이 존재한다.

<표 2>에서 창조적인 기법의 종류와 용도에 대하여 나타내었다.

〈표 2〉 창조적 기법의 종류와 용도

창조적 기법	용도 및 방법
창조적 idea를 얻는 의사 결정	조직 내에서 전략적 의사 결정을 하고자 할 때
Phillips 66 (브레인 스토밍)	대집단에서 실지하는 자유토론기법
MBS법	자유토론기법에 개인의 생각과 평가결과를 포함시킬 때
NBS법	회의 전에 아이디어를 카드화시킨다.
CBS법	카드를 사용, 개인 아이디어를 토출하는 자유토론법
희망사항 열거법	원하는 모습을 열거하여 개선안을 생각
역설사고법	착상을 얻기 위한 반대 발상법
이미지 컨트롤법	잠재 능력을 효과적으로 추출
수면 사고법	무의식 속에서 문제 해결의 힌트를 끌어내는 방식
특성 요인도	원인과 결과를 도식화하여 문제점을 부각시키는 방식
노트수집법	각자 노트에 아이디어를 써 놓고 회의하는 방법
IB법(Idea Bit)	모든 데이터와 아이디어를 카드에 정리
그룹 인터뷰	집단의 기능을 사려 질좋은 정보를 얻는다.
YM법	마케팅에 있어 행동화 중심의 기법
Meditation	의식을 해방시켜 전인적인 창조성을 유도한다.
자율훈련법	이미지에 의해 새로운 자신을 만들어 내는 법
교류분석(TA)	자신 및 대인관계를 분석하여 자기 변혁을 도모하는 법
엔카운터 그룹	그룹에서 참된 만남과 인간 성장을 돕는 기법
ST법 (Sensitivity Training)	집단 훈련으로 지도 능력을 개발한다.
가상상황설정법	일상적 사고 습관으로부터 벗어나는 기법

이 외에도 수많은 기법들이 존재한다.

다양한 기법들을 통하여 창의적, 창조적 사고를 행하고

그로 인해 새로운 발상을 해내는 것이다.

이 중에서도 특히 많이 사용하고 널리 알려진 몇몇 개의 기법들에 대하여 자세히 알아보도록 하자.

3.1 집단토의법 (BS ; Brain Storming)

브레인스토밍은 미국의 대규모 광고 회사의 사장이었던
알렉스 F. 오즈본에 의해서 고안되었다.
그룹에 의한 아이디어 발상 기법이다.
1938년에 고안된 이래, 미국 내에서는 물론
세계에서 가장 많이 활용되고 있다.
이처럼 광범위하게 보급된 것은 BS의 기본이 4대 원칙으로
종합, 정리되어 있으며 워낙 단순하여
알기 쉽게 되어 있다는 점과 또한 4대 원칙이
발상의 본질적인 것이며 모든 사람에게
활용이 가능하다는 두 가지의 이유를 들 수 있다.
브레인스톰이란 말의 뜻은 단어대로 두뇌의 폭풍,
두뇌착란이라는 의미였으나 오즈본의 고안에 의해서
오늘날에 와서는 사전에
「구성원이 자발적으로 제출하는 아이디어를 축적해서 어떤 구체적인 문제를
해결할 방법을 찾아내려는 그룹적인 시도이며, 실제적인 회의의 기법을 말함.」
이라고 기록되어 있다.
BS의 근본적인 사고방식은 '발상 능력은 누구에게나 있다'는 것이다.

* 4대 원칙 *

① 비판 금지

일상 업무에 대해서 우리들은 모든 가능성을
생각하기 전에 무의식적으로 결론을 서두르는 경향이 많다.
최초의 안이 훌륭하다는 등 여러 가지 이유를
들 수 있지만 아이디어를 내면서 반드시 제출해야 할 상황에 있어서 이것은 커다란 걸림돌이 된다.
아이디어를 내면서 그때마다 판단을 내린다는 것은
사고의 유창함이라는 강을 마치 댐으로 그 흐름을
막아 버리는 것과 마찬가지이다.

② 많은 아이디어를 제시

미국의 버팔로시 시장으로부터 항구에 세워진
새로운 다리의 이름을 의뢰받았을 때의 일화이다.
오즈본은 다리 이름을 하나 붙이려고 BS를 행한 결과
3,800가지의 아이디어가 나왔다.
이 많은 아이디어 중에 가장 좋은 이름을
선택하기만 하면 된다는 것이다.
이처럼 수많은 것 중에 반드시 진귀한 보물이
있으리라는 적극적인 사고가 중요하며,
BS에서는 가급적 많은 양의 아이디어를 제시하는 것이
대원칙으로 되어 있다.

③ 자유분방

아이디어는 제한 없이 자유롭게 제시하는 것이 좋지만,
일반적인 경향으로 일상적이고 습관적인 테두리 안에서
나오는 것이 많다.
그래서 BS는 대원칙에 '자유분방'이라는 말을 붙여
자유로운 의식을 하도록 부추기는 것 이다.
즉, 현실적 사고로부터의 아이디어를 의식적으로
자유분방하게 제시하도록 이끌어 내는 것 이다.

④ 결합과 개선 촉구

BS는 그룹으로 행하기 때문에 멤버들로부터
많은 아이디어가 제시된다.
어떤 아이디어는 비슷하거나 몇 명의 생각과
똑같을 수도 있다.
혹은 자신이 생각하지 못했던 뜻밖의 아이디어가
두뇌의 폭풍처럼 나올 수도 있으며,
이 아이디어에 자극을 받아서 별개의 아이디어가
떠오르는 경우도 종종 생긴다.
본래 아이디어는 각 개인의 것이며 타인을 모방하거나
이용한다는 것은 도의상 좋지 않다는 생각이 만약 있다면
무리가 아닐 것이다.

그러나 타인의 아이디어를 이용하는 것이라고 해도,
결과적으로 아이디어의 양이 증가한다면 좋다는 말이다.
그래서 그룹 멤버의 아이디어에 서로 자극을 받으면서
새로운 아이디어를 이끌어 내는 것이
집단적인 사고에서 행하는 의미이기도 하다.

3.2 침묵토론법 (BW ; Brain Writing)

브레인스토밍의 변형 기법으로 브레인 라이팅법을 소개하면
이것은 구서독에서 탄생된 기법으로
창시자는 호리겔이라는 형태분석법의 전문가이다.
이 기법은 초기에 635기법이라고 불리었는데
이것은 BW법의 특징만을 정리해 명명한 것이다.
6 - 6명의 멤버가
3 - 각자 3개씩의 아이디어를
5 - 5분 안에 생각해 내는 것이다.
가장 큰 특징은 각자 침묵 속에서 진행하기 때문에
개인 사고를 최고도로 살릴 수 있는 집단 발상법이다.

3.3 MBS법

MBS법의 명칭은 미쯔비시 쥬시식
브레인스토밍으로부터 유래한 것이다.
자유토론기법은 부드럽고 화기애애한 분위기 속에서
개인적인 발언을 자유분방하게 하고,
서로의 발언 내용에 대한 비판은 하지 않도록 하며,
발언 내용의 질보다는 양이라는 규정 아래 진행하도록 하였다.
그런 규칙 아래 토론을 실제로 해 보아서
현실적으로 효율적이지 못한 부분을
개선한 것이 바로 MBS기법이다.
자유토론법(BS법)에서는 서로의 발언 내용에 대한
비판을 금하고 있어 많은 아이디어가 나올 경우,
그것을 그 자리에서 음미하고 평가하기가 어려워
신제품 개발에 대한 아이디어를 구할 때처럼
신속함을 필요로 할 때에 효과적이지 못하다는 점,
또 다른 하나는 말을 잘하는 사람만 발언을 하게 되고
그렇지 않은 사람은 계속 침묵을 지키게 된다는
결점이 있었다.
그것에 비해서 MBS기법은 주제에 대한 아이디어를
각자 종이에 써서 차례로 발표를 한 후,
그것에 대한 질의와 비판을 도표를 그려 정리하고
최종 검토에 들어가는 방식을 취한다.

3.4 CBS법

CBS란 카드를 사용한 브레인스토밍이라는 의미로서
창조 개발연구소 다카하시 마코토란 사람이
고안해 낸 것 이다.
MBS와도 비슷하지만 가능한 한 전원 모두가
아이디어를 내게 한다.
아이디어를 카드에 기입하면서 내는 방법을 취하기 때문에
브레인스토밍 숙련자에게 적합한 기법이라 할 수 있다.
이 기법은 멤버들이 카드에 자신의 아이디어를 기록한 뒤
함께 모여서 카드를 한 장씩 발표하는 순으로 하고
같은 아이디어가 있으면 그 카드를 버리는 것으로 진행된다.

3.5 ST법(Sensitivity Training)

자주적인 집단생활을 통한 체험 학습을 기본으로 한다.
좀 색다른 실험 방법을 가진 인간관계 훈련이
1946년 그루트 레빈을 중심으로 행해진 워크샵에서 탄생했다. 1946년 시험적 워크샵에서 발견되어
반향을 일으킨 것은 학습의 하나의 기본형으로서의
집단의 자주 학습이라는 개념이었다.
인간관계 훈련의 저자 M. B. 마이즈는
이 발견을 실사회와 인간과학의 영역을
밀접한 관계로 연결시킨 것이며,
학습은 근본적으로 귀납적이고 경험 중심 학습이라는
확신을 얻었다는 점, 실험적 교육법이 확립되어
발전해 가는 것을 확신한 점에서 높이 평가하고 있다.
ST법의 주된 목적은 사회적인 기구나 관계 속에서
집단이나 조직이 요구하는 변혁을 지도하고
방향을 결정하는 데 필요한 센시티브와
기술을 가진 리더십을 향상시키는 데 있다.
ST는 회의 예정이나 리더가 없는 비지시적인 회합으로
미개자의 역할을 완수하는 전문가와
보통 10명에서 12명 정도의 참가자를 가지고 행해진다.
이 회합은 비지시적이므로 참가자 자신이

이 회합을 의미 있는 것으로 만들려고
시도하는 가운데 자연스럽게 표현하는 행동,
반응하는 감정을 데이터로 하여 권할 수 있다.
회합은 3일~2주정도 걸리지만
그 사이 적절하게 대인관계, 개성 그룹,
다이나믹스에 관한 지식이 입력되게 된다.

3.6 PMI기법

PMI는 제시된 아이디어의 좋은 점(Plus:P), 나쁜 점(Minus:M), 흥미롭다고 생각되는 점(Interesting:I)의 첫 문자로 만든 사고 방법으로 De Bono가 개발한 인지사고 프로그램(CoRT) 속의 사고기법이다.

PMI와 창의적 아이디어 기법인 ALU는 유사하다.

ALU는 장점(Advantage:A), 제한점(Limitation:L), 특유성(Unique Qualities)의 첫 문자를 따서 명명한 사고기법이다.

어떤 아이디어를 좋아한다거나 또는 좋아하지 않는다고 말하는 대신에, PMI를 사용할 수 있다.PMI를 사용할 경우에는 먼저 좋은 점을 발상해서 나열하고 나쁜 점을 나열한다.

이어서 흥미로운 점 I의 순으로 고려한다.

특히, I는 두드러진 단점이 너무 많아서 버려져야 할 아이디어이지만 그 아이디어를 기반으로 새롭고 가치 있는 아이디어를 생성해 낼 계기를 제공할 수 있다.

좋지 않아 사용할 수 없는 아이디어지만, 한 번 더 고려해 보고 버리자는 것 이다.

PMI는 아이디어에 주의 집중하기 위한 도구이다.

PMI시에는 각각 2~3분 정도를 할애한다.

PMI는 어린이에서부터 성인, 지능이 낮은 사람에서 영재에 이르기까지 적용할 수 있는 사고 기법이다.

4. DREAM - 리더의 꿈과 성공

4.1 리더의 꿈

당신의 꿈은 무엇입니까?

지금 그 꿈의 실현을 위해서 잘 하고 계십니까?

4.2 직장에서의 성공조건

◎ 직장에서의 10가지 성공조건

하나, '거부하지 말고 받아들여라'

직장인이라면 누구나
회사를 그만두고자 하는 생각을 해봤을 것이다.
또는 스트레스로 인해 한번쯤은
현실로부터 벗어나고픈 생각을 한 경험이 있을 것이다.
하지만 그런 때일수록 자신을 가다듬어야 한다.
부정적이기보다는 긍정적 마인드로 직장생활에 임한다면
그만큼 결실도 달게 느껴질 것이다.

둘, '기업은 오너(Owner)의 피를 필요로 한다.'

학벌 좋고 실력이 뛰어나다고 해서
직장생활을 잘 하는 것은 아니다.
기업에서는 미래의 오너감을 선호한다.
회사 일을 내 일처럼 여기는 직장인이 그들이다.
오너의 마인드를 가지고
책임감 있게 업무를 수행할 수 있어야 한다.
특히 요즘처럼 경기가 어려운 상황에서는
맡은 바 업무는 물론이고,
주어지지 않은 일까지 찾아서 하는
창의적이고 능동적인 인재가 인정을 받는다.

셋, '직장동료를 두 번 죽이지 마라'

직장생활을 하다보면
동료나 부하 직원에게 심한 말을 할 때가 있다.
업무상 과실이나 마찰이 있을 수 있지만
그때마다 책임을 떠넘기거나 상사에게 변명을 하는 행위는
오히려 역효과만 낳을 뿐이다.

넷, '자신의 끼를 보여줘라'

능력만 뛰어나다고 해서 인정받는 것은 아니다.
독불장군 행세를 하거나, 이기주의적인 모습으로
주변을 얼어붙게 하는 사람은 감원대상 1순위다.
반대로 실력은 없지만
회사 분위기를 띄우는 사람이 더 인정을 받고 있다.
분위기 메이커가 되기 위해선
가끔 업무 외의 자신의 숨은 끼를 보여주는 것이 좋다.

다섯, '새로운 것을 만들고 먼저 시식해라'

사회는 자기 일만 하는 사람보다는
새로운 일, 비즈니스를 창출할 줄 아는 인재를 원한다.
그러기 위해서는 창의력과 도전정신을 길러야 한다.
물론 과다한 업무로 시간에 쫓기는 상황에서
새로운 일을 찾고
이에 도전할 수 있는 마음가짐을 가져야 할 것이다.

여섯, '나만의무기를 만들어라'

이용가치가 없는 상품은 버려지는 것처럼

사람도 활용가치가 없으면 구조조정 대상이 된다.

더욱이 취업문까지 좁아진 상황에서 나만의 경쟁력을 가지지 못한다면 약육강식의 시대에서 살아남을 수 없다.

'나만의 무기'를 만들어야 한다.

그러기 위해서는 자신에 대한 투자와 지속적인 경력관리가 필요하다.

일곱, '혀를 잘 간수하라'

한번 잘못 내뱉은 말 한마디가 폭풍이 되어 돌아온다.

현재를 '넥서스 시대'라고 한다.

두 세 다리 건너면 모든 사람들이 인맥을 통해있다는 뜻이다.

그만큼 아무리 허물없는 사람일지라도

말을 가려하는 것이 좋다.

상사나 부하 직원에게 아무런 의미 없이 던진 말이

날카로운 비수가 되어 돌아올 수 있기 때문이다.

※ Nexus

① (집단[계열]내의 개인[개체]끼리의) 연계(連繫), 관련, 유대; 관계; 연결[결합]체.

② (사물 · 관념 등의) 연쇄, 연합.

여덟, '섬기는 마음을 가져라'

기업은 충성도 높은 직원을 원한다.
직원에게 애사심이 없다면 그 회사는 발전할 수 없다.
구성원이 회사를 아끼고 함께 크고자 노력할 때
기업은 비로소 성장할 수 있다.

아홉, '포기하지 말고 일어서라'

일이 계획된 대로 진행된다면 걱정은 없을 것이다.
예기치 않은 걸림돌이 생기는 등 난관에 부딪히기가 일쑤다.
이때 중도 포기하거나 책임을 남에게 떠맡겨서는 안 되며
위기를 극복하고 슬기롭게 헤쳐 나갈 수 있는 지혜를 가져야 한다.

열, '1인자가 되도록 노력하라'

21세기는 프로의 시대다.
프로가 아니면 살아남을 수 없다.
자기 분야에서만큼은 일인자가 되도록 힘써야 한다.
단 혼자만 뛰어나서는 동료들에게 독선적이고 남을 배려하지 못한다는 얘기를 듣게 된다.
때문에 자신보다는 팀을,
팀 보다는 회사를 먼저 생각하고
조화롭게 일을 처리할 수 있어야 한다.

5. ETIQUETTE - 리더의 품격

◆ 매너란? ◆

매너(manner)를 사전에서 찾아보면
방법, 방식, 태도라고 명시되어 있고
복수로는 '예의범절'이라고 되어 있다.
매너는 사람마다 갖고 있는 독특한 습관,
몸가짐으로 해석할 수 있다.

매너는 제3자의 희망사항이며
기본 개념은 상대방을 존중해 주는데 있으며
이는 상대방에게 불편이나 폐를 끼치지 않고
편하게 하는 것을 뜻한다.

기업을 경영하는 리더들이 갖춰야할 것 중에 하나가
바로 '매너'이다.
매너가 개인 경쟁력을 지나
국가 경쟁력을 좌지우지하는 시대가 됐다.
바로 매너는 상대방에게 호감을 주는 것이다.
자신이 원하는 대로 직원들을 움직이고자 하는
이기적이고 일방적인 '카리스마 리더십'보다
직원 개개인의 숨은 능력을 일깨우고 발전시켜
적재적소에서 그 능력을 발휘할 수 있도록 하는
따뜻한 배려가 돋보이는 **'매너 리더십'**이 필요한 시대이다.
사람 마음을 사로잡는 테크닉은
바로 '진심'이라는 무기밖에 없다.
진심 어린 매너, 친절은 사람을 감동시킨다.
상대가 나를 '수단'이 아닌 진심으로 배려할 때
비로소 사람과 사람사이의 관계는
더욱 친밀해 질 수 있기 때문이다.
상대방의 마음을 움직일 수 있는 진심 어린 매너야말로
'21세기 리더들이 꼭 갖추어야 할 필수사항'이 아닐까?

◆ 만남의 매너 ◆

첫 만남에서 긍정적인 모습을 줄 수 있는 요령

- 복장을 단정히 합니다.
- 진실한 말을 합니다.
- 호감 받는 화장을 합니다.
- 마음의 문을 열어 둡니다.
- 밝고 명랑한 표정과 마음을 가집니다.
- 될 수 있는 한 많이 듣습니다.
- 이름을 기억해서 불러줍니다.
- 너무 가까이 접근하지 않습니다.
- 칭찬을 합니다.
- 경어를 사용합니다.
- 처음의 10초에 미소 짓습니다.
- 상대에 대한 믿음을 가집니다.
- 분위기에 집중합니다.
- 상대방과 시선을 마주칩니다.
- 상대방의 바디 랭귀지를 잘 살펴봅니다.
- 적절한 언어를 구사합니다.
- 상대를 존경한다는 것을 보여 주도록 합니다.

◆ 인사의 매너 ◆

인사는 형식적이 아니라 존경심을 담고 합니다.
인사는 많이 해야 좋은 이미지를 남기고
상대가 기억해줍니다.
인사는 상대가 나를 못 알아본다 해도
먼저 인사하는 것이 좋은 인상을 심어줍니다.
여성은 양손을 가볍게 앞으로 모으고
허리를 구부리면서 인사합니다.
남성은 양손을 바지 옆선에 가볍게 붙이고
허리를 구부리면서 인사를 합니다.
인사말은 몸을 구부리면서 하고
인사말이 끝났을 때 몸을 일으킵니다.
인사의 시작은 상대의 눈을 바라보는 것입니다.

- 피해야 할 인사 방법

상대의 눈을 보지 않고 땅을 보고 인사합니다.
인사하면서 아무 말도 하지 않습니다.
인사하면서 말을 중간에 끊습니다.
상사에게 "수고하셨어요."라고 합니다.
고개만 까딱하면서 인사합니다.

◆ 명함의 매너 ◆

명함은 원칙적으로 명함집에 넣어야 합니다.
명함집에 명함은 거꾸로 넣어두어
한 번에 꺼내어 상대에게 바로 전해질 수 있도록 준비 합니다.
상대를 기다리게 하고 명함을 찾는 것은 매너에 어긋납니다.
명함은 깨끗한 상태로 여유 있게 준비하며
남성은 가슴 포켓 또는 양복 명함주머니에,
여성은 핸드백에 넣어 둡니다.
남성이 윗주머니나 바지 뒷주머니에서 명함을 꺼내는 것은
미관상 좋지 않습니다.
명함을 주고받을 때는 먼저 자신의 소개를 짤막하게 한 다음
명함을 건네주는 것이 좋습니다.
명함은 서서 주고받는 것이 매너입니다.
명함을 건넬 때는 반드시 상대방에서
읽기 편하게 자기의 이름이 상대방 쪽을 향하게 합니다.
명함은 손아랫사람이 윗사람에게 먼저 건넵니다.
상대방으로부터 명함을 받았을 경우에는
하의 주머니에 넣지 말고 상의 안쪽 주머니에 넣습니다.
명함을 건네는 위치는 상대방의 가슴 높이가 적당합니다.
명함은 오른손으로 건네고 왼손 바닥으로 받습니다.
받은 명함은 두 손으로 잡고 봅니다.

- 명함을 주고받을 때 유의해야 할 사항

상대방이 보는 앞에서 방금 받은 명함에 글씨를 쓰는 것은 매너에 어긋납니다. 반드시 메모지를 사용합니다. 상대에게 양해를 얻고 명함에 토를 달아 두는 것은 매너에 어긋나지 않습니다.

상대방의 명함으로 자기도 모르게 손장난을 하는 수가 있습니다.

상대에게 이름이나 소개를 하지 않고 명함만 건네는 것은 자칫 거만한 인상을 줍니다.

◆ 전화의 매너 ◆

전화를 걸때는 메모지와 펜을 준비하여 이야기할 내용이나 요점을 정리하여 한 번의 통화로 의사소통이 다 이루어지게 합니다.

전화에서는 웃음이나 감탄 등 느낌이
상대방에게 민감하게 전달되고
잘못 오해를 살 경우가 많으므로 세심한 주의가 필요합니다.

전화는 상대가 전화기를 끊고 난 후 한 호흡 동안 기다렸다가 수화기를 내려놓습니다.

비지니스 전화일 경우에는 먼저 건 편에서 먼저 끊습니다.

전화는 두 번째 울릴 때 받는 것이 좋습니다.
첫 번째 울릴 때 받으면 너무 성급한 느낌을 주고
세 번 이상 울리면 상대를 너무 기다리게 하는 느낌을 줍니다.

전화를 받으면 먼저 자신을 밝히고 용건을 묻는 것이 매너입니다.

전화를 받을 때 금전, 숫자, 시간, 고유명사는
필히 메모하고 다시 복창하여 확인을 합니다.

전화에서는 애매한 답변은 하지 않습니다.

전화를 받을 때는 미소 지으며 평소보다 더욱 명랑한 목소리로 응대합니다.

전달해 줄 내용은 바로 메모한 후 즉시에 전달하여 실수하는 일이 없도록 주의합니다.

◆ 악수의 매너 ◆

악수는 상대의 눈을 마주보고,
가벼운 미소와 함께 허리를 곧게 펴고 손을 마주 잡습니다.
악수는 원칙적으로 오른손으로 합니다.
악수할 때 허리를 굽히거나
두 손을 잡지 않는 것이 매너이나
상대가 윗사람일 경우
상체를 조금 기울이는 것도 괜찮습니다.
악수는 윗사람이 아랫사람에게,
기혼자가 미혼자에게, 선배가 후배에게 청합니다.
여성의 경우 여성이 먼저 청하나
근래에는 남성이 먼저 내밀어도 결례가 아닙니다.
악수할 때 장갑은 벗습니다.
그러나 여성은 장갑을 껴도 무방합니다.
악수는 어깨 높이 정도로 너무 세지 않게 쥐고 합니다.
악수는 한손으로 합니다.
악수는 깨끗한 손으로 합니다.
반가움의 표시로 손바닥을 긁지 않습니다.
손끝만 내미는 악수는 하지 않습니다.

◆ 소개의 매너 ◆

자신을 소개할 때는 이름을 다 밝힙니다.
"저는 김00인데 아는 것이 아무것도 없습니다." 등
너무 낮추는 것도 상대를 당황하게 합니다.
자사의 부장님을 업무 차 방문한 손님에게 소개할 때는
"기획실의 최선미실장입니다."가 바른 표현입니다.
자신을 소개하면서 간단한 인사말을 건넵니다.
소개는 가장 낮은 지위나 연령이 어린 사람부터 합니다.
남성과 여성이 같이 있는 경우에는 여성부터 먼저 소개합니다.
지위나 나이가 비슷한 사람을 소개할 경우에는
소개하는 사람과 가까이 있는 사람부터 소개합니다.
10명 이상 직위 성별이 혼합되어 있을 경우
각자 자신에 대해 소개 할 수 있는 분위기를 만듭니다.
소개할 땐 직위와 이름과 함께
간단한 긍정적인 특징도 함께 소개하면 좋습니다.
"이쪽은 같은 과 김00대리인데 볼링을 잘 합니다."
한 사람을 여러 사람에게 소개해야 할 경우에는
한 사람을 여럿에게 소개한 후
여러 사람을 한 사람에게 소개합니다.
같은 날 입사한 사원을 소개 할 경우
생년월일을 기준으로 연장자부터 소개합니다.

◆ 대화의 매너 ◆

대화 시 자기 이야기와 들어주는 것의 비는 4:6 정도가 적당합니다.

대화는 분명한 발음으로 너무 빠르지 않게 합니다.

시선을 상대방에게 주어 산만하지 않게 배려합니다.

침을 튀기거나 같은 말을 반복하거나 속삭이지 않습니다.

다른 사람 앞에서 귓속말을 주고받지 않습니다.

껌이나 음식을 씹으면서 이야기하지 않습니다.

대화는 50~60센티 정도 거리를 두고 마주보며 대화합니다.

윗사람과 대화 시 뚫어지게 쳐다보는 것은 매너에 어긋납니다.

적당한 유머와 공통의 화제로 대화합니다.

혼자 아는 척하지 않습니다.

남의 비밀 이야기나 사적인 질문은
화제로 삼지 않습니다.

남의 말을 끊고 자기 이야기를 하지 않습니다.

외국말이나 어려운 전문 용어는
대화에서 삼갑니다.

지나친 농담 특히 상대의 신체적인 불쾌감을 주는 대화는
삼갑니다.

상대의 이야기에 호응하는 대꾸를 해줍니다.

◆ 테이블 매너 ◆

가급적 식기에서 소리가 나지 않게 식사합니다.

긴장하지 않고 즐겁게 식사합니다.

올바른 자세 즉, 테이블에 몸을 가까이 붙이고,

허리를 펴고 앉습니다.

이야기하면서 식사합니다.

입안에 음식을 담고 이야기하지 않습니다.

식기는 자기가 움직이지 않습니다.

자기의 포크로 남의 접시의 요리를 가져다 먹지 않습니다.

부득이한 경우 외에는 테이블 수건으로 닦지 않습니다.

빵으로 접시의 소스를 닦아서 먹거나

커피에 적셔서 먹는 것은 매너에 어긋납니다.

빵은 나이프와 포크를 이용하지 않고
손으로 한입 크기로 떼어내어 먹습니다.
저녁식사에 빵은 잼을 사용하지 않습니다.
빵 접시는 좌측의 것이 본인의 것이고
물 잔은 우측의 것이 본인의 것입니다.
레스토랑은 반드시 사전에 예약을 합니다.
예약에 변경사항이 생길 시엔
반드시 레스토랑에 미리 연락을 해 줍니다.
고급 레스토랑에는 정장을 하여야 합니다.
핸드백 외의 코트나 큰 가방 등은
프론트에 맡기고 들어갑니다.
레스토랑에서는 반드시 종업원의 안내를 기다립니다.
테이블로 갈 때에는 종업원, 여성, 남성의 순서로 갑니다.
안내 받은 자리가 마음에 들지 않을 경우에는
종업원에게 희망을 표시하여 다시 안내를 받습니다.
여성의 자리는 남성의 오른편입니다.
안내원이 없을 경우에는
남성이 여성의 왼쪽에서 자기의 오른쪽 여성이
앉을 수 있도록 의자를 뒤로 약간 빼서 착석을 도와줍니다.
테이블에 팔꿈치를 세우거나 턱을 괴지 않습니다.
머리가 음식 쪽으로 가지 않게 주의합니다.
나이프나 포크 사용 시 양 팔꿈치는 몸 쪽에 붙입니다.

식사 시 의자의 위치를 바꾸지 않습니다.

테이블 위에 핸드백이나 신문을 올려 두지 않습니다.

냅킨은 전원이 다 앉은 후 안정 된 상태가 되면

조용하고 자연스럽게 펴서 접어진 쪽을 자기 앞으로 놓습니다.

테이블에서는 옆 좌석 사람과 먼저 인사를 나눈 후

앞 좌석 사람과 인사를 합니다.

메뉴는 천천히 봅니다.

메뉴판을 손가락으로 짚어서 주문하지 않습니다.

메뉴에서 제일 비싼 요리나 제일 싼 요리는 피하고

중간 정도의 요리를 주문합니다.

주문은 여성과 초대 손님이 먼저 주문합니다.

남성을 동반한 여성은 직접 종업원에게 주문하지 않고

남성에게 주문하고

남성이 종업원에게 주문하는 것이 매너입니다.

식사 중 담배를 피우지 않습니다.

바닥에 나이프나 포크가 떨어지면

종업원을 부릅니다.

종업원은 소리 내지 않고 손만을 들어 부릅니다.

식사 중 전화는 금기이나 특별한 경우에는

"실례 하겠습니다."라고 양해를 구하고 자리에서 일어섭니다.

멀리 있는 양념병은

가까이 있는 사람에게 부탁하여 사용합니다.

절대 엉거주춤 일어서서 팔을 뻗지 않습니다.

식사 중 머리를 만지거나 귀나 코를 만지지 않습니다.

식사 중 사용하지 않는 손은 무릎 위에 놓아둡니다.

테이블에서는 다리를 꼬아 앉지 않습니다.

음식을 뒤적거리거나, 냄새를 맡거나, 허리띠를 풀지 않습니다.

◆ 승용차 매너 ◆

승용차에도 상석이 있습니다.
택시와 같이 운전사가 있는 차에서는
운전사와 대각선의 뒷좌석이 1등,
그 옆이 2등, 운전석 옆자리가 그 다음이며
4명이 탈 경우에는 뒤 좌석 가운데가 말석입니다.
자가용의 차주가 직접 운전 할 때에는 운전자의 오른 좌석에
나란히 앉아 주는 것이 매너입니다.
운전자의 부인이 탈 경우는 운전석 옆자리가 부인석이 됩니다.
지프류의 차일 경우(문이 두 개)에는
운전석의 옆자리가 상석입니다.
버스에서는 운전기사의
뒷 쪽 창문자리가 상석입니다.
승용차에서는 윗사람이 먼저 타고 아랫사람이 나중에 타며
아랫사람은 윗사람의 승차를 도와준 후
반대편 문을 이용하여 탑니다.
승용차에서 내릴 때는 아랫사람이 먼저 내린 후
윗사람의 하차를 도와 줄 수 있도록 합니다.
상석의 위치에 상관없이 여성이 스커트를 입고 있을 경우엔
뒷 자석 가운데 앉지 않도록 배려해 주는 것이 매너입니다.

◆ 엘리베이터 매너 ◆

엘리베이터 안내원이 있을 경우는 탈 때나 내릴 때
손님이나 윗사람이 먼저 타고 내립니다.
안내원이 없을 경우는 손으로 문을 누르고
윗사람을 먼저 태우고 내릴 때는
버튼을 누른 채 윗사람을 먼저 내리게 합니다.
윗사람이 2명 이상일 경우 아랫사람이 먼저 탄 후
문이 닫히지 않도록 열림 단추를 눌러
안전하게 탈 수 있도록 배려하고
내릴 때도 열림 단추를 눌러 모두 내리게 한 후
마지막으로 내립니다.
엘리베이터의 상석은
조작 단추의 대각선 안쪽입니다.
엘리베이터에서는 윗사람의 앞을 가리지 않도록
비스듬히 서도록 배려합니다.
여러 명이 탔을 경우엔
조작 단추 가까이 있는 사람이
열림 단추를 눌러 모두 내리게 한 후 마지막으로 내립니다.
엘리베이터 사용 시에는
항상 여성이 먼저 타고 내릴 수 있도록 배려합니다.

◆ 방문매너 ◆

사무실을 방문 할 때는 바쁜 시간은 피해서
미리 시간약속을 합니다.
방문 시간은 오후 3~5시가 적당합니다.
사무실 방문 시 미리 초대되지 않은 사람과 동행 하는 것은
매너에 어긋납니다.
방문 시간에 다소 여유 있게 도착하여
미리 화장실에서 용모와 복장을 점검합니다.
사무실에 들어가서 미리 방문처 방문자의 이름을 알리고
본인의 명함을 내놓습니다.
응접실에 안내를 받으면
출입구에서 가까운 말석에 앉아 기다립니다.
가방이나 코트는 책상 위에 두지 않고
가방은 바닥에 코트는 무릎에 놓고 기다립니다.
상대방이 들어오면 곧 일어섭니다.
상대가 상석을 권하면 "감사합니다."하며 옮겨 앉습니다.
차나 음료를 가지고 오면
감사의 표시를 하고 상대가 권하면 마십니다.
면담 중에는 방문자나 손님을 맞이하는 측
모두 시계를 보지 않는 것이 매너입니다.
사무실은 업무 공간이므로 너무 오래 머무르지 않습니다.

근래 대부분의 사무실은 금연 공간입니다.

사무실에서는 담배를 삼갑니다.

사무실에서는 사적인 대화나

사생활과 관련된 질문은 하지 않는 것이 매너입니다.

방문의 목적이 달성되지 않아도

표정을 바꾸지 않고 정중히 인사합니다.

사무실에 들어가기 전에 코트와 장갑은 미리 벗고 들어갑니다.

◆ 흡연매너 ◆

흡연은 반드시 흡연 장소에서만 피웁니다.
엘리베이터, 전철, 버스, 승용차 등
협소한 공간에서는 금연합니다.
식탁에서는 식사가 다 끝난 후 담배를 피우는 것이 매너입니다.
초대 된 자리에서는
안주인이 담배를 피워도 좋다는 말이 있을 때 피웁니다.
머리, 옷 등에서 담배 냄새가 나지 않도록 주의합니다.
상대방의 얼굴에 연기를 뿜는 것은 삼갑니다.
재는 반드시 재떨이를 이용합니다.
식기, 컵, 병 등에 재를 털지 않도록 유의합니다.
손님이나 윗사람이 담배를 꺼내 물면
불을 붙여 주는 것이 매너입니다.
불을 붙일 때는 라이터를 다른 쪽에서 미리 붙여
가스냄새가 제거되고 불이 적당할 때 두 손으로 공손이 권합니다.
상대방을 만남과 동시에 사무실 방문 시 의자에 앉자마자 곧 담배를 피우는 것은 매너에 어긋납니다.
어린이가 있는 곳에서는 담배를 삼갑니다.

◆ 음주매너 ◆

윗사람이 술을 권할 때에 잔은 두 손으로 받습니다.
술을 마시지 않을 경우라도 윗사람이 권할 경우엔
잔을 받아 형식적으로라도 입에 가져가는 것이 매너입니다.
마시는 것은 개인의 취향입니다.
억지로 권하는 것은 매너에 어긋나는 것입니다.

◆ 칵테일 매너 ◆

칵테일 잔은 반드시 다리 아랫부분을 잡고
천천히 조금씩 마십니다.
칵테일 잔은 항상 자신의 오른편에 놓습니다.
칵테일은 마실 때 소리 내지 않습니다.
칵테일에 들어 있는 올리브나 체리 등은
칵테일을 반쯤 마신 후 먹습니다.
올리브의 씨는 칵테일 잔 안에 넣지 않고 따로 종이에 쌉니다.
여성일지라도 분위기에 따라 가벼운 칵테일을 같이 즐깁니다.
칵테일을 재청 할 경우엔 먼저의 것과 같은 것을 청합니다.
칵테일 밑을 깔고 있는 종이 냅킨으로 입술을 닦지 않습니다.

◆ 국가별 독특한 매너 ◆

오스트리아는 악수할 때 손을 굳게 잡습니다.
이탈리아는 제스쳐를 많이 쓰며 활동적입니다.
남자끼리 만나서 포옹도 하고 어깨도 두드립니다.
또 턱밑을 쓰다듬으면 자신에게 관심이 없는 표시로 사용됩니다.
리비아에서는 어린이의 머리를 쓰다듬는 것은
피하는 것이 좋습니다.
이란에는 반라 여성의 달력이나
그림의 반입이 금지되어 있습니다.
영국에서 식사나 관광할 때엔
예의바른 태도와 복장에 신경을 씁니다.
이스라엘에서 사람과 헤어질 때에는 "샬롬"이라고 인사합니다.
그리스에서는 고개를 상하로 끄덕이는 것이
"no"의 표시입니다.
이슬함교도가 많은 중동에서는 돼지고기류를 먹지 않습니다.
대만에서는 제 3자에게 눈을 깜박이는 것을 삼가해야 합니다.
호주에서는 여성이 윙크하는 것을 무례한 행동으로 봅니다.
또 엄지손가락을 세워서 상대방에게 표시를 하면
"No"의 뜻입니다.

◆ 문병과 장례식 매너 ◆

- 문병의 매너 -

지인이나 친지가 병이 난 사실을 알면 되도록 빠른 시일에
문병을 가는 것이 매너입니다.
문병은 5~6분정도 병원에서 정한 면회 시간을 이용합니다.
환자가 중병일 때는 꼭 본인을 만나기보다
가족을 통해 쾌유를 바란다는 뜻을 전합니다.
환자가 자택에 있을 경우 꽃을 가지고 가도 무방하나
병원에는 꽃을 피하는 것이 매너입니다.
서양에서는 문병을 받으면 완쾌 후 문안 왔던 사람에게
전화나 방문으로 감사 표시를 하는 것이 매너입니다.

- 장례식의 매너 -

고인이나 그 가족들과 특별한 사이였다면
자택이나 장례식장에 가서 문상을 드리고
직접 조의를 표합니다.
아주 가까운 사이가 아니라면 장례식에만 참석 하여도 됩니다.
장례식에 참석할 때 복장은
남성은 검은색 정장에 검정 넥타이,
여성은 어두운 빛의 정장을 입으며
검정색이라도 롱드레스나 보석 장신구는 하지 않습니다.

◆ 데이트 매너 ◆

데이트를 신청할 때 남성은 데이트의 맨 처음 계획을 알려 주면서 청하는 것이 매너입니다.
그렇게 하면 여성은 그 날의 데이트 계획에 맞는
복장을 하고 나올 수 있기 때문입니다.
데이트는 충분한 시간적 여유를 가지고 신청합니다.
바로 전날 신청하는 것은 매너에 어긋납니다.
여성은 마음에 들지 않는 남성의 데이트는
"미안해요, 선약이 있습니다."라고
서슴지 말고 가볍게 거절합니다.
남성은 세 번 계속 여성의 거절을 받으면
무리하게 요구하지 않는 것이 매너입니다.
남성은 약속 시간보다 항상 5분 정도 먼저 그 장소에 도착해서
여성을 기다리는 것이 매너입니다.
데이트 비용은 남성이 모두 부담하는 것을 원칙으로 하고
여성은 "연주회 표가 생겼는데요"라고 하거나
손수 요리를 만들어 초대를 하거나 야외로 나가는 등의 식으로
남성의 경제적 부담을 덜어 줍니다.
여성은 남성의 리드에 자연스럽게 따라가고
남성은 너무 늦지 않게 여성을 집까지 데려다 주는 것이
매너 있는 데이트입니다.
남성은 데이트가 끝날 때
그날의 좋은 느낌과 즐거운 시간에 대해
여성에게 감사를 표하는 것이 매너입니다.

◆ 선물의 매너 ◆

방문 시 선물은 들어가면서 인사를 한 후
"마음에 드실 것 같아서 가지고 왔습니다." 정도의 말과 함께
선물을 자연스럽게 내어 놓습니다.
선물을 받는 쪽에서는 성의에 감사하고 그 자리에서
"열어 봐도 될까요?"라고 말한 다음 선물 상자를 풀어보고,
적당히 좋아하는 표시를 하는 것이 매너입니다.
선물은 방문의 분위기를 좋게 하므로 간단한 것을 준비합니다.
선물은 작은 것이든 반드시 포장을 합니다.
그러나 싼 물건을 포장만 잘해서 선물하지 않는 것이
매너입니다.
우편으로 우송된 편지를 받았을 경우에는
반드시 전화로 감사의 표시를 합니다.

◆ 운전의 매너 ◆

여성과 어른을 모실 경우 타고 내릴 때 반드시 문을 열어
편히 탈 수 있도록 배려하며 평소보다 30% 저속 운행하여
편안하게 모십니다.
여성은 몸부터 타고 다리부터 내립니다.
안전벨트를 매고 동승자도 맬 수 있도록 배려합니다.
운전을 할 때 라디오나 음악은
동승자의 의견을 반드시 물어 봅니다.
차량 안에서 전화를 받을 때는 반드시 양해를 구합니다.
동승자가 전화를 받거나 질문을 할 때는
라디오 볼륨을 줄입니다.
경적은 위급한 상황에서만 사용합니다.
운전법규를 지키는 것과 방어운전은 운전 매너의 기본입니다.
기본 수신호를 익혀 매너를 표현합니다.
어떤 경우에라도 사람이 항상 우선입니다.
어린이, 스쿨버스, 여성, 노약자에 대한 보호는
운전매너의 필수입니다.
자동차 안에서 담배를 피우지 않습니다.
자동차 안에도 쓰레기통을 준비합니다.
자동차 바깥으로 휴지, 담배꽁초, 침 등을 버리지 않습니다.
타인의 자동차를 사용할 때는 더욱 청결에 유의를 합니다.

운전의 모습은 한 사람의 수양의 척도입니다.
내면의 천박함을 난폭한 운전매너로 드러내지 않습니다.
운전 중 옆 차량의 어린이와 눈이 마주치면 미소 짓습니다.
운전 중에는 신경이 예민합니다.
동승자는 자극적인 대화를 자제합니다.
더러운 차량을 거리로 몰고 다녀 미관을 해치지 않습니다.
소방도로에는 절대 주차하지 않습니다.
일시 정차 시에는 자신의 휴대폰 번호와 방문처를
차에 남겨둡니다.
혼잡한 시간대나 가까운 거리는
대중 교통수단을 이용하는 것도 운전의 매너입니다.

6. RELATION - 리더의 인맥관리

우리사회는 그 어느 곳 못지않게 관계 중심형
사회이기 때문에 인간관계의 중요성이 매우
크다고 생각된다.
학연, 지연으로 맺어진 한국사회에서 인맥의 중요성은
사회생활을 하는 사람들은 누구나 공감한다.
최근 들어 인맥관리에 대한 여러 책들도 쏟아지고 있고,
이들은 모두 사회적 네트워킹을 통해
부와 명예를 창출할 수 있다고 얘기한다.
지식보다도 인맥이 중요한 대한민국에서

인맥관리를 어떻게 하면 좋을지 고민하는 사람 또한 대단히 많다.
알고 있지만 지나치기 쉬운 인맥관리 핵심사항으로는

첫 번째, 끊임없이 구하고 두드리고 접촉하면
자연스럽게 많은 사람들을 만날 수 있게 되고
드디어 서로 도움을 주고 받을 수 있는 사람을 만날 수 있게 된다.

두 번째, 나와 다른 사람
나보다 잘난 사람들을 만나기를 두려워하지 말고
여러분야의 다양한 사람들을 만나서
인맥을 형성해나간다.
세 번째, 점심과 저녁시간의 식사시간을 잘 활용하여
정보와 인맥을 구성해가면 된다.

네 번째, 상대방에게서 좋은 것을 얻기 위해서
나의 것도 아낌없이 나누어 주어야한다.
즉 나에게 돌아올 것을 생각하지 말고
사람들에게 좋은 정보를 제공해야 한다.

다섯 번째, 상대방을 진심으로 이해하고
사랑하고 존중함으로서
상대방의 존재가 나한테 중요함을

항상 스스로 각인시킬 수가 있어서
더욱 인맥은 두터워 감을 알 수 있다.

여섯 번째, 비즈니스파트너만 관리하지 말고
먼저 부모, 형제, 친구들과의 관계
즉 가까운 사람들과의 관계를 돈독히 해야만
인맥관리가 성공적으로 수행된다.
이것은 가까운 사람과의 관계를
잘 유지하지 못하는 사람은
다른 사람과의 관계도 성공할 수 없기 때문이다.

일곱 번째, 좋은 인맥을 형성하기 위해서는
우선 내가 그런 사람으로 변해야 한다.
즉 나부터 사랑하는 사람이 되어야 한다.

여덟 번째 ,훌륭한 사람곁에는 늘 훌륭한 사람이 있기 마련이다.
즉 좋은 멘토는 좋은 인맥의 첫걸음이기 때문이다.

아홉 번째, 빈틈없는 척, 잘난 척은 하지 않는 것이 좋다.
실제로 상대방보다 아는 것이 많다고 해서 의식적으로 드러낼 필요는 없는 것이다.
인간은 본래 자신보다 잘난 사람보다는
약간은 빈틈이 있는 사람을 실제로 더 편안하게 생각는 경향이 있다.

열 번째, 나한테 당장 필요해서 급할 때만 만나고
볼 일이 끝나면 서서히 끊어지게 하지 말고,
한 번의 만남을 소중히 여겨야 한다.

열한 번째, 듣는 귀를 가진 사람이 되어야 인맥이 두터워질 수 있다.
우리는 귀가 있지만, 때로는 입 밖에 없는 사람처럼 행동할 때가 많다. 상대방한테 하고 싶은 얘기가 많더라고,
상대방의 말에 먼저 귀 기울일 수 있어야 한다.
사람들은 말을 잘하는 사람보다 잘 들어주는 사람을 좋아한다.

열두 번째, 자신을 잘 컨트롤하지 못하여 순간순간의 감정을 얼굴에 드러내는 사람이 되지 말고 자신의 감정을 잘 추스리면서 항상 밝은 표정으로 생활하는 사람이 되어야 좋은 인맥을 유지 할 수가 있다.
열세 번째, 다른 사람들과 인맥을 서로 공유하게 되면
더욱 인맥을 넓힐 수 있을 것이다.

열네 번째, 명함관리를 잘해야 한다
즉 사회생활을 하다보면 이곳저곳에서
여러 사람들과 주고 받은 명함이 늘어난다.
귀찮더라도 명함을 받으면 잊지 말고
상대방과 헤어진 뒤에 뒷장에 상대방을 기억할 수 있도록
상대방의 인상착의와 나눴던 대화, 시간, 장소 등을 짧게 기록 하고,

명함을 받았던 상대에게 이메일을 보내는 등의 방법으로
상대방에게 나를 다시 한 번 각인시킨다.

열다섯 번째, 기념일을 꼭 챙기면 인맥은 더욱 두터워진다.
즉 상대방의 생일, 결혼기념일, 또는 명절, 연말연시에 전화나 이메일, 카드 등을 통해 연락을 취함으로서 더욱 인맥은 넓어지면서 깊어가게 된다.
누구나 자신의 기념일을 챙겨주는 사람은 잊지 않고 기억하는 게 사람이다.

7. SPEECH - 리더의 대화방법론

7.1. 논리적 커뮤니케이션 스킬(skill)

□ Communication(의사소통)이란?

커뮤니케이션(Communication)은

라틴어인 Communis란 말에서 유래.

Communis는 공동소유(공유), 공통성이란 뜻.

즉 커뮤니케이션이라고 하면 전달, 통신, 공동소유,

공통성을 내포한다.

그러므로 말하는 사람의 메시지가,
듣는 사람에게 도달 했을 때
양자가 메시지를 공동소유 했는가? 공통성이 있는가?
에 따라서 의사소통의 효율성을 판단할 수 있다.

□ Communication의 형태

커뮤니케이션의 일반적인 형태는 **말하기** 뿐만 아니라
읽기, 쓰기, 듣기 3가지가 더 있다.
이들 4가지 중 적어도 한 가지를 하면서 시간을 보내고 있다.
이를 잘 할 수 있는 능력이야말로 좋은 인간관계를 맺는다.
커뮤니케이션은 우리의 일상생활에서 가장 중요한 기술이다. 우린 깨어 있는 시간의 대부분을 커뮤니케이션 하면서 보낸다.

□ 바람직한 인간관계를 위한 커뮤니케이션 기법

커뮤니케이션이란 단순히 2인 이상 간의 생각이나
정보의 교환 뿐 만 아니라 인간관계의 형성 측면에서
의견이나, 감정의 교류를 의미한다.
효과적인 커뮤니케이션은 문제해결을 가능하게 할 뿐만 아니라 상호 신뢰감을 증진시킴으로써
바람직한 인간관계의 형성을 촉진 시킨다.

□ 효과적인 커뮤니케이션의 4대 기본 원칙

1. 상대방의 자존심을 존중하라

2. 공감적으로 경청하라

3. 먼저 상대방의 의견을 구하라

4. 효과적으로 피드백(feedback)하라

□ 의사소통이 잘 이루어 지지 않는 이유

1. 송신과 수신이 제대로 이루어 지지 않을 때
2. 듣는 사람이 말하는 사람의 의도와 다르게 이해 할 때
3. 말하는 사람을 평가하려 할 때
4. 듣는 사람이 주의를 집중하지 않을 때
5. 언어적인 의사소통에만 관심을 갖고
   비언어적인 의사소통에 무관심 할 때
6. 대화를 하는 쌍방이 서로 신뢰하지 못할 때

□ Communication의 3요소

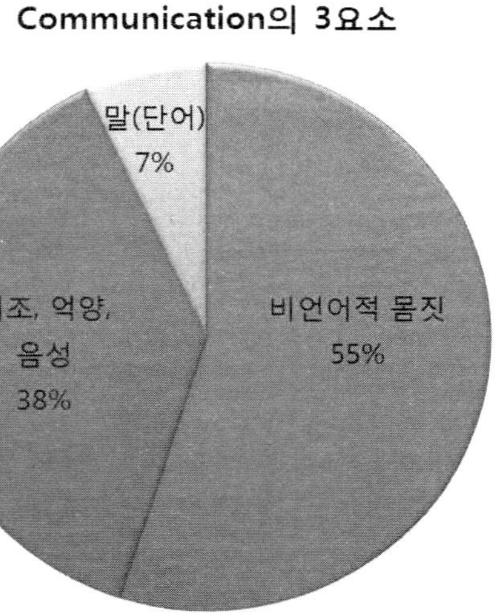

□ 리더십- 커뮤니케이션- 마음관리

리더십은 곧 커뮤니케이션이다.

커뮤니케이션에서 말이 차지하는 비중은 10%도 되지 않는다.

말이 번지르르 하고 행동으로 옮겨지지 않으면

오히려 조직은 냉소적으로 바뀐다.

말보다는 태도, 손짓, 표정 등을 통해 사람들은

상대의 생각을 읽는다.

그런 의미에서 커뮤니케이션은 말의 전달이 아닌,

마음의 전달이다.

□ 효과적 커뮤니케이션 방법

1. 상대방의 의견/감정파악

○ 말다툼 하지 말 것

○ 중요하다고 생각하고 있는 것을 자유롭게 말하게 할 것

○ 말을 중간에 막지 말 것

○ 속단하지 말 것

○ 말을 독차지 하지 말 것

○ 경청하고 공감을 같이 할 것

2. 부정적인 커뮤니케이션을 몰아내자

○ 참 한심하다. 한심해.

○ 생긴 대로 놀고 있네.

○ 그렇게 일하려면 집에 가서 애나 봐.

○ 왜 그렇게 머리가 안 돌아가.

○ 그 따위로 하려면 회사 그만 둬.

○ 그래가지고 취직이 되겠어?

○ 도대체 학교에서 뭐 배웠어?

○ 너는 부모도 없니?

○ 그것도 몰라, 바보같이?

○ 자네가 할 수 있는 일이 도대체 뭐냐?

7.2 대화방법론

◆ 대화의 10계명

- 일단 대화하라
- 이기려고 하지마라
- 삼가야 할 말은 삼가라
- 사랑으로 대화하라
- 오래 지루하게 말하지 마라
- 육하원칙을 생각하며 말하라
- 칠판에 쓰듯 구체적으로 하라
- 팔팔하게 재미있게 하라
- 구두를 닦듯 말을 닦아서 하라
- 십분(10分) 대화로 하루를 빛나게 하라

◆ 대화가 단절위기에 처하는 10가지

- 일방적으로 말할 때
- 이해보다 오해가 앞설 때
- 삼가야 할 말을 사정보지 않고 할 때
- 사리분별보다 사사로움에 얽매일 때
- 오래 생각해서 할 말을 즉흥적으로 할 때
- 육하원칙보다 육감으로 말할 때
- 치유와 위로의 말보다 가시 돋친 말을 할 때
- 팔을 걷고 열정적으로 하는 것 보다 팔짱을 끼고 거드름을 피울 때
- 구두로 말하기보다 주먹으로 말할 때
- 10분(10分)이면 끝낼 말을 1시간 동안 끌 때

◆ 대화 시 주의할 점

- 뜻을 확실하게 말하기
- 상대방의 자존심을 건들지 말기
- 남의 말 끊지 말기
- 지나치게 긴 묘사는 피하기
- 가르치고 설교하듯 말하지 말기

◆ 대화를 잘 하는 지혜

- 먼저 정확하게 자신을 소개한다.
- 대면이든 전화든 자신부터 확실하게 소개한다.
- 이름을 기억한다.
  우리가 다른 사람에게 베풀어야 할 중요한 예의이다.
- 여유 있고 당당하게 눈 맞춤을 한다.
  말하는 내용에 대한 확신을 줄 뿐 아니라
  상대에게 자신이 소중하게 인정받고 있음을 나타내준다.
- 적극적으로 활짝 웃으며 말한다.
  행복한 표정은 보는 사람도 기분 좋게 한다.
  단, 부정적인 말을 삼가자.
- 열정적인 반응을 보인다.
  상대의 말을 충분히 이해했다는 또는 잘 듣고 있다는
  반응을 보여야 한다.

◆ 대화를 가로막는 것은 무엇인가

- 대화의 표현 자체와 관련된 것 : 발음이 부정확하다거나 어휘의 사용이 적절하지 않은 경우들이 대화의 장애요소가 된다.
  (은어, 비어, 속어, 비표준어, 외국어, 자극적 어휘사용)

- 대화의 내용과 관련된 것 : 상대방의 말을 제대로 이해하지 못하고 그에 적절한 반응을 보이지 못하거나, 화제를 잘못 선택하는 것과 같이 내용 자체를 소화하지 못하는 경우들,
  즉, 표현하는 언어의 내용이 대화의 장애요소가 되는 것이다.

- 대화자들 간의 관계와 관련된 것 : 대화자의 상호관계를 위협하는 것, 다시 말해서 상대방의 체면을 손상시키거나 인신공격을 하는 것처럼 대화의 예절을 지키지 않는 경우들을 말한다.

- 대화의 장애요소가 되는 것 중에서 지나치게 내향적인 성격장애나 벌컥 화를 내는 것과 같은 정서장애 등 많은 것들이 있다.

◆ 종합적인 언어소통 능력이 중요하다.

학자들의 연구결과를 토대로 정리해보면, 대화능력은 세상에 대한 지식적인 능력, 언어지식에 대한 능력, 상호작용 기술인 전략적 능력의 3가지로 구성된다고 할 수 있다.

- 세상에 대한 지식적인 능력
- 언어지식에 대한 능력은 대화 상황에서 말하고 들을 때의 지식에 대한 능력이다. 대화 상대자, 대화라는 목적, 말하는 태도, 듣는 태도 등과 같이 한 사람이 말하거나 들을 때, 고려해야 하는 사항에 대한 대화예절, 사용하는 어휘라든가 표현방법 등도 이에 속한다.
- 나비효과 : 자연계에서 아주 작은 원인이 결국은 커다란 결과로 발전해 갈 수 있음을 비유적으로 표현한 말이다.

  나비효과가 적용되고 있는 한 우리에게서 작고 하찮은 일이란 있을 수 없다.

  우리가 하는 말 한마디, 행동 하나가 어느 순간

  우리에게 태풍의 모습으로 되돌아올 수도 있기 때문이다.

◆ 성공학자 나폴 레온 힐의 호감 사는 7가지 성품

- 다른 사람에게 관심을 갖는 습관을 기른다.
  그리고 그들의 장점을 칭찬한다.
- 대화할 때 설득력과 확신을 줄 수 있는 능력을 개발한다.
- 자신의 신체조건과 자신이 하는 일에 어울리는 복장을 갖춘다.
- 자신이 원하는 성격을 선정하고 그에 맞게
  적극적으로 성격을 개선한다.
- 따뜻한 감정과 정열을 표현할 수 있는 인사 기술을 익힌다.
- 자신의 유일한 한계는, 부정적인 생각이라는 사실을 깨닫는다.
- 다른 사람에게 호감을 먼저 가짐으로써 호감을 얻는다.

■ 대화를 전개하는 원리와 방법

◆ 대화를 가로막는 요인을 없애야 한다.

- 대화를 가로막는 요인 : 지시, 명령, 강요, 설득강요, 충고, 무시, 빈정거림, 윽박, 무관심
- 대화가 안 되면 상호관계가 깨어진다.
- 대화가 중단되면 상호 오해가 생긴다.

◆ 대화 안 되는 것이 누구의 문제인지 분명히 가려내라.

- 누군가 너무 야단, 떠들어 대면 상대방이 입을 다문다.
- 누군가 너무 잘난 척 하며 상대방을 무시하면 상대가 입을 다문다.

◆ 적합한 대화의 기본으로 문제의 소유를 해결하라.

- 대화가 안 되면 불행, 손해가 된다.(인간관계)
- 문제의 소유자는 대화의 기본을 실행하라.

◆ 음성, 태도변화의 원리를 잘 이용하라.

- 변화하는 말의 기법으로 감동을 주어야 한다.(감성언어)
- 음성, 태도의 유연성을 발휘한다.(말투, 인상, 음성)

◆ 상호 이익이 되는 대화를 하라[Win-Win게임]

- 상호 약속하여 상호 택하여 결정하는 대화를 한다.
- 상대에게 잘난 척하고 분위기 썰렁한 대화를 자제한다.

◆ 호감 받는 말로 상대의 마음을 열어야 한다.

- 설득하여 상대가 마음을 열고 응하도록 한다.
- 진실과 열정으로 호감 받게 하여 마음을 열고 관심을 가져야 한다.

■ 성공 대화의 원칙, 'YB(Yes, But) 화법을 써라'

"상사가 유독 저한테만 많은 업무지시를 하는 것 같아요. 그래도 지시니까 거절하면 안 될 것 같고 그래서 지시하는 대로 하다 보니 일도 엉망이고 스트레스만 쌓입니다."

이 말에 공감하는 것은 직장상사에게 'No'라고 말하기가 쉽지 않기 때문이다.

그렇다고 평소 'Yes'만 반복하다 보면 그 이후는

바늘방석에 앉으로는 내내 먹이사슬처럼 상대방의 먹잇감이 될 수밖에 없다.

직장생활을 잘 하려면 상사의 비위를 건드리지 않고 'No'를 말하는 기술을 익혀야 한다.

그 중 가장 좋은 방법이 바로 YB 화법을 사용하는 것!

YB 화법이란 'Yes… , But…'의 화법을 말한다.

지금 당장 처리해야 할 업무도 많은데 상사가

"보고서 작성하세요. 담당은 아니지만 ○○씨밖에 보고서를 잘 쓸 사람이 없어서 말이야"라고 말할 경우

"네, 알겠습니다. 그런데 지금 하고 있는 일도 급하다고 하셨는데 새 보고서부터 작성할까요?" 라고 말하는 것이 바로 YB 화법이다. 이때 "저는 좀 전에 지시하신 일을 처리하고 있는데요?"라는 대답은 위험하다.

상사에게 이미 다른 일을 시켰다는 사실조차 기억하지 못한다는 잘못을 지적하는 것처럼 들릴 수 있기 때문이다.

아무리 상사가 포용력이 넓은 사람이라 하더라도 당시의 기분에 따라 괘씸하게 들을 수도 있다.
이런 점에서 YB 화법은 기분에 따라 해석이 달라지지 않도록 해준다는 장점이 있다. 그 외에도 YB 화법은 이런 점에서 아주 효과적이다.
첫째, 상대방에게 거절에 대한 두려움을 반감할 수 있다.
무리한 부탁을 하는 사람은 상대방이 거절할 것에 대한
막연한 두려움을 갖는데 "Yes"를 듣는 순간 반감된다.
그 다음에 "But"이라고 말하면서 거절하면 훨씬 이성적으로 듣게 될 것이다.
둘째, 상사에게 거부감을 주지 않고 자신이 처한 상황을 자세히 설명할 기회를 마련할 수 있다. 처음부터 변명을 하면
업무 지시만 내리면 변명하는 것처럼 느껴져 상사조차 설명을 거부하고 "알았어"라고 말해버린다. 하지만 "Yes"라고 먼저 말하면 거절할 수밖에 없는 상대방의 사정을 끝까지 듣게 해준다. 이처럼 반복되는 상사의 부당한 업무 지시나 인격모독 등에 대해서는 YB 화법을 구사해보라.
무조건적인 예스맨은 매력 없는 직장인의 모습이다. 그렇다고 상사의 지시를 마냥 거부할 수도 없다. 불가능하다고 판단되면 자신의 의견을 명확히 전달하고 가능한 영역 내에서 최고의 결과를 끌어내는 프로다운 모습을 보여주는 것이 중요하다.
상사와의 대화에서는 YB 화법이 단연
가장 안전하게 자신을 지킬 수 있는 화법임을 명심하자.

♣ 시선은 상대방의 얼굴에 둔다.
주위를 두리번거리거나 대화 중 창문 등
엉뚱한 곳을 뚫어져라 응시하는 것은 큰 실례가 된다.

♣ 팔짱을 끼거나 다리를 포개지 않는다.
거만하고 몰상식한 사람이란 평을 들을 수 있다.

♣ 다리 떨기, 머리카락 만지기, 손 비비기,
손톱 깨물기, 몸 흔들기 등 좋지 않은 버릇이
무의식중에 드러나지 않도록 주의한다.

♣ 너무 심한 사투리, 불명확한 발음은 삼간다.
발음은 훈련에 의해 개선이 가능한 만큼
적절한 속도로 분명하게 말하는 연습을 한다.
소리 내어 책 읽기를 반복하면 도움이 된다.

♣ 속어, 비어, 유행어 사용을
센스와 개방성, 의식의 참신함을 드러내는 일로
오해하는 사람들이 있다.
허물없는 친구 사이가 아니라면 품위 있는
언어를 사용하는 것이 좋은 대화법의 제 1 원칙이다.

♣ 억양에 신경을 쓴다.
지나치게 높은 톤은 사람을 경박스럽게 보이게 하고
반대로 너무 저조한 억양은 분위기를 무겁게 만든다.

♣ 말 가로채기, 양해 없이 화제를 바꾸는 것은 무례한 행위다.

♣ 상대방의 입장을 고려해 적합한 언어를 구사한다.
바른 경칭, 호칭의 선택이 그 첫걸음,
상대가 쉽게 이해할 수 있는 용어를 사용하는 것도 예의다.

♣ 누구든 대화에서 소외됐다는 느낌을 받게 해서는 안 된다.
좀처럼 말할 기회를 잡지 못하는 사람에겐
적절한 질문을 던져 대화 참여를 유도한다.

♣ 목소리는 타고나는 것이지만 노력에 의해 좋아질 수 있다.
자신의 목소리에 잘 맞는 높낮이와 억양을 선택한다.
듣기에 부드럽고 편안하다는 느낌이 들 때까지
여러모로 연습한다.

♣ 첫 대면에서 여성의 나이나 결혼 여부를 묻는 것은 실례다.

■ 좋은 대화 상대가 되는 법

훌륭한 대화 상대가 되려면 다른 이의 마음을
짐작할 수 있어야 한다.
좋은 말은 더 기분 좋게, 부담스러운 내용이라도
실망이나 다툼보다는 상호 이해에 이를 수 있도록
부드럽게 처리하는 요령이 필요하다.
성의 있고 진실한 자세, 상대에 대한 세심한 관찰,
긍정과 공감에 초점을 둔 대화 기법이
안정감 있는 인간관계를 보장한다.

♣ 좋은 청중이 되라

말을 잘 하는 사람은 남의 말을 잘 듣는 사람이다.
평판 좋은 이들을 보면 대개 말수가 적고, 상대편보다 나중에 이야기하며, 다른 이의 말에 세심히 귀 기울인다.
대화의 목적을 파악한 뒤 그 기준에 맞추어
상대의 말을 경청한다.
상대방의 말이 채 끝나기 전에 어떤 답을 할까
궁리하는 것은 좋지 않다.
주의가 분산돼 경청에 몰입하기 어려워진다.
상대편의 성격, 인품, 습관을 파악하는 데에도 신경을 쓴다.
불필요한 감정, 시간의 소모 없이 생산적인 대화를 이끌어가기 위해서다.

☞ 대화중 해서는 안 되는 질문들이 있다.
대표적인 것이 신체 사이즈, 염색이나 의치 사용, 수술 경험 등이다.
급여, 경제 상황, 부부 생활, 신체적 약점에 대해서 질문하는 것도 큰 실례다.

♣ 칭찬을 아끼지 말라

사람은 자신을 칭찬하는 사람을 칭찬하고 싶어 한다.
그러므로 남을 칭찬하는 것은 곧 나를 칭찬하는 일이다.
누구라도 한두 가지 장점은 있게 마련이다.
그것을 발견해 진심어린 말로 용기를 북돋워 준다.
그렇다고 거짓 찬사를 늘어놓는 것은
사이를 더 뒤틀리게 할 뿐이다.
아첨인지 칭찬인지는 듣는 사람이 더 빨리 파악한다.
또 한 가지, 사람들은 비난을 듣다
나중에 칭찬을 받게 됐을 때 계속 칭찬을 들어온 것보다
더 큰 호감을 느낀다고 한다.

♣ 공감하고 긍정하라

가장 쉬운 방법은 상대편의 말을 그대로 반복하는 것이다.

"요즘 사업하기 너무 힘들어요."라는 말을 들으면 곧

"정말 힘이 드시겠군요."하고 맞장구를 쳐준다.

사람은 자신의 희로애락에 공감하는 이들에게서

안정감과 친근감을 느낀다.

'긍정의 기술'도 필요하다.

"얼굴이 왜 그렇게 안 좋아요?" 하는 것보다는

"요즘 바쁘신가 봐요. 역시 능력 있는 분은 다르군요."라고

말해 주는 편이 훨씬 낫다.

"당신도 이렇게 멋있어!" 하는 말보다

"당신 참 멋있어!"라고 담백하게 표현하는 쪽이 더 긍정적이다. 그때그때 적절한 감탄사, 맞장구와 조심스러운 의견 제시는

상대방으로 하여금 당신이 자신의 말을

경청하고 있다는 느낌을 갖게 한다.

♣ 겸손은 최고의 미덕

남 앞에서 자신의 장점을 자랑하고 싶은 것은 인지상정이다. 그러나 이러한 욕구를 적정선에서 제어하지 못하면
만나기 껄끄러운 사람으로 낙인찍히게 된다.
내면적 자신감을 갖고 있는 것과 잘난 척하는 것 사이에는
큰 차이가 있다.
장점은 남이 인정해 주는 것이지
자신이 애써 부각시킨다 해서 공식화하는 것이 아니다.
또 너무 완벽해 보이는 사람에겐 거리감이 느껴지게
마련이므로, 오히려 자신의 단점과 실패담을 앞세우는 것으로
더 많은 지지자를 얻을 수 있다.

☞ 여러 사람 앞에서 이야기할 때 시선을
한 사람에게만 고정시켜서는 곤란하다.
전후좌우로 차례를 바꿔가며 2~3분씩 시선을 맞춘다.
청중을 전혀 보지 않거나
가져온 원고를 줄줄 읽는 것도 좋지 않다.

♣ 과감히 공개하라

비밀의 공유는 강력한 유대감을 불러온다.

그러므로 좋은 관계를 유지하고 싶은 상대에게

내면 일부를 솔직히 공개하는 것은 상당한 효력을 발휘한다. 이는 곧 '나는 당신을 나 자신처럼 믿는다.'는

신뢰의 표현이기 때문이다.

♣ '뒷말'을 숨기지 말라

별것 아닌 일에도 버릇처럼 중의적인 표현을

사용하는 사람들이 있다.

곧이곧대로 하는 칭찬, 감탄 대신

석연치 않은 뉘앙스를 풍기는 것은 듣는 이를

가장 기분 나쁘게 하는 어법 중 하나다.

특수한 상황이 아니라면 비꼬거나 빈정대는 듯한 표현은

멀리하는 것이 좋다.

산뜻한 칭찬과 비판이 대화의 격을 높인다.

반대로 단정적인 말도 금물.

뜻은 같되 완곡한 표현법을 익힌다.

♣ 첫마디를 준비하라

대화에도 준비가 필요하다.

첫 만남을 앞둔 시점이라면 어떤 말로

이야기를 풀어갈지 미리 생각해 둔다.

재치 있는 말이 떠오르지 않을 땐

신문, 잡지를 참고하거나 그날의 대화 주제와 관련된

옛 경험을 떠올려 본다.

사업상의 만남이라면 한두 가지라도

상대가 미처 생각하지 못하고 있을 법한

분야에 대한 지식을 쌓아두는 게 큰 도움이 된다.

♣ 이성과 감성의 조화

논리적 언변은 대화를 이끌어가는 데 큰 힘이 된다.

그러나 이견이 있거나 논쟁이 붙었을 때 무조건 앞 뒷말의 '논리적 개연성' 만 따지고 드는 자세는 사태 해결에 도움이 되지 않는다. 설사 논쟁에서 승리한다 해도 두 사람의 관계는 예전으로 돌아가기 어려울 것이다.

학문적, 사업적 토론에는 진지하게 임하되 인신공격성 발언은 피하고, 제압을 위한 논리가 아닌 합의를 위한 논리를 지향한다. 또 일단 논쟁이 일단락된 다음에는반드시 서로의 감정을 다독이는 과정을 밟는다.

논쟁 자체가 큰 의미가 없는 것일 땐 감정에 호소하는 말로 사태를 수습하는 것도 나쁘지 않은 방법이다.

♣ 대화의 룰을 지켜라

좋은 대화에는 일정한 규칙이 있다.

상대방의 말을 가로막지 않는다,

혼자서 대화를 독점하지 않는다,

의견을 제시할 땐 반론 기회를 준다,

임의로 화제를 바꾸지 않는다 등 익히 알고 있는 것들이지만 지키기는 쉽지 않다.

말을 주고받는 순서, 그리고 자기가 쏟아내는 말의 분량을

늘 염두에 두고 있으면 실수를 줄일 수 있다.

♣ 완전한 문장을 말하라

그냥 "됐어요."보다 "저 혼자 옮길 수 있습니다",
"갈게요"보다 "다녀오겠습니다."가 훨씬 단정하고 분명하다.
축약된 말은 자칫 무례하거나 건방지다는 느낌을 주게 되고
의사소통의 정확성에도 혼선을 가져온다.
바른 말로 이루어진 완전한 문장이 말하는 이의 품격을 높여 준다.

♣ 효과적인 보디랭귀지

사람은 언어만으로 의사소통을 하는 것이 아니다.
자세, 손의 움직임, 시선 접촉, 공간 사용 등 다양한 코드를 통해 속뜻을 표현한다.
사람들은 특별한 학습 없이도 다른 이의 보디랭귀지(몸짓언어)를 이해하는 능력을 갖추고 있다.
그러나 능숙하게 사용하는 것은 또 다른 문제여서 은연중 신중치 못하거나 부적절한 반응으로 낭패를 볼 수도 있다.
먼저 당신의 모든 동작과 움직임은 어떤 성격 내지는 의도를 내포하고 있음을 인식한다.
하품, 팔짱, 출입구 쪽에 자리 잡기, 딴 곳을 향하는 시선 등은 부정적인 심리를 대변한다.
그러므로 상대에게 자신의 속마음을 송두리째 드러낼 생각이 아니라면 무의식적인 행동 하나하나에도 주의를 기울여야 한다.
특히 사업상의 만남이나 갈등을 조절해야 할 시점일 땐
더욱 그렇다.

또 같은 동작이라도 문화권에 따라 전혀 다른 뜻으로 해석될 수도 있는 만큼 여행 중에는 방문국의 대표적 보디랭귀지에 대한 사전 지식을 갖고 가는 것이 현명하다.

☞ 상대방이 누군가에 대한 험담을 할 땐
어느 한 쪽을 편들지 않도록 조심한다.
이야기는 들어주되 자신의 의견은 말하지 않는다.
동정하는 것은 좋으나 객관적 태도를 취하려 노력한다.
충고는 가급적 피한다.
중개자 역할은 대단히 어려운 것이어서
자칫 감사보다 원망을 듣게 될 개연성이 더 크다.

♣ 미소

▷ 처음 만났을 때

미소는 말이 아닌 몸으로 상대에 대한 호감을 표시하는 가장 효과적인 수단이다. 그런 만큼 남에게 소개될 때, 처음 대면했을 때는 반드시 미소를 짓는다.
미소는 당신이 상대방과의 만남을 꺼리지 않으며 오히려 기꺼이 받아들이고 있음을 나타낸다.

▷ 불편하거나 분위기가 어색하다고 느껴질 때

미소는 불안감 을 감추는 데 도움이 된다.
또 보는 이로 하여금 긍정적인 반응을 하게 하므로 당신의 기분도 나아질 수 있다.
비즈니스를 할 때는 자신을 잘 조절하는 사람으로 보여야 한다.
바른 자세에 미소를 곁들이면 더욱 효과적이다.

▷ 칭찬을 받을 때

칭찬을 받으면 당황한 표정을 짓거나 심지어 얼굴을 찡그리기까지 하는 경우가 있다. 쑥스럽고 때로는 자신은 칭찬받을 자격이 없다고 생각하기 때문이다.
나름대로 겸손의 표현인 셈이지만 칭찬한 이에게는 의외의 반응으로 비쳐 불쾌할 수도 있다. 칭찬을 받았을 땐 미소를 띠고 감사하다는 표현을 잊지 않는다.

▷ 손뼉을 칠 때

연사에게, 또는 높은 성과를 거둔 사람을 향해 손뼉을 칠 때가 있다. 설사 그 업적이 부럽거나 '내가 저 자리에 섰어야 하는데' 하는 아쉬움이 있더라도 힘 있게 손뼉 치며 따뜻한 미소를 짓는 것이 보기 좋다.

사심 없는 미소는 당신을 너그럽고 성격 좋은 사람으로 보이게 할 것이다.

§ 불쾌하지 않게 거절하는 법 §

평소에 좋은 관계를 유지해온 사람의 부탁을 거절하기는 쉽지 않다. 상대방의 불쾌감을 최대한 줄이려면 '할 수 없다', '안 되겠다'는 식의 한정적이고 단정적인 표현을 삼가야 한다.

우선 '규정'이나 '규칙' 등 공식적인 말은 피하면서 들어줄 수 없는 이유를 친절히 설명한다.

이어 "곤란합니다.", "어렵겠습니다." 등 완곡한 말로 거절의 뜻을 표한다.

상대방의 어려움에 공감하고 그 마음을 헤아리는 듯 신중한 표현은 거절의 부담을 한결 가볍게 한다.

♣ 끄덕임

▷ 대화할 때

대화 중 고개를 위아래로 살짝 끄덕이는 행위는 상대방의 말을 주의 깊게 듣고 있으며 이해하고 공감한다는 표시다.

반대로 고개를 좌우로 흔드는 행위는 강한 부정의 뜻을 담고 있으므로 사용에 신중을 기해야 한다.

누군가의 설명이나 강연을 듣고 있을 때 그 내용에 동의하지 않는다고 해서 고개를 가로저으면 연사를 불쾌하게 만들 뿐 아니라 다른 청중들로부터 몰상식한 사람이란 비난을 듣게 된다.

▷ 누군가 세차게 고개를 가로저을 때

대화중일 때, 또는 당신이 연설이나 설명을 하고 있을 때 누군가 얼굴을 찡그리며 세차게 고개를 젓는다면 그것을 어떤 '경고' 또는 '위험신호'로 받아들여야 한다.

당신이 틀린 말을 하고 있거나, 누군가 당신 말을 들어선 안 되는 사람이 가까이 있다는 뜻이다.

▷ 고개를 너무 자주 끄덕이면

손윗사람의 말에 지나치게 자주 고개를 끄덕이면 '예스맨' 이란 오명을 얻을 수 있다.

너무 오래 웃는 것, 너무 자주 고개를 끄덕이는 것, 모두 주의해야 한다.

♣ 좌석 선택

▷ 자리 고수하기의 위험성

강의나 모임, 회사 식당에서 늘 같은 자리에 앉는 이들이 있다.

어느 날 그가 앉는 자리를 바꾸면 사람들은 이유를 궁금해 하게 된다.

따라서 쓸데없는 오해나 내면 노출을 피하려면 즐겨 앉는 자리를 만들지 않는 편이 낫다.

▷ 중요한 인물로 인정받고 싶을 때

인사를 나눌 때 당신은 움직이지 않고 상대가 다가오도록 만들면 그는 당신이 자신을 우습게 여긴다고 해석해 기분 나빠 할 것이다.

바꿔 말하면 인사할 때 상대방이 움직여야 할 거리가 더 길 경우 당신이 중요한 인물로 부각된다는 뜻이다.

각종 모임에서 사장 등 중요한 인물의 옆자리에 앉는 것도 한 방법이다.

▷ 주도권을 쥐고 싶을 때

사무실에서 손님을 맞을 때 공적인 분위기를 강조하고 자신의 권위를 보여주고 싶으면 책상을 사이에 두고 마주 앉는다.

누군가에게 깊은 인상을 남기고 싶을 땐 그를 내려다볼 수 있는 방법을 찾는다.

원래 키가 크다면 좋지만 그렇지 않더라도 책상 모퉁이에 걸터앉아 의자에 앉은 상대를 응시하는 식으로 자신의 위치를 높게 잡는다.

반대로 주도권을 사양하고 싶을 땐

낮은 위치를 잡고자 노력한다.

7.3 스피치 방법

ㅁ 성공적인 스피치를 위한 3가지 조건

- 첫째, 심리적 안정감을 갖고 대중 앞에서
  당당하고 자신 있게 말할 수 있어야 한다.
- 둘째, 청중을 사로잡는 멋진 음성테크닉, 연단매너,
  제스처 등을 자연스럽게 구사할 수 있는 등
  효과적인 전달능력이 있어야 한다.
- 셋째, 전하고자 하는 내용이 **논리적으로 구성**되고,
  청중을 감동, 감화, 설득 할 수 있어야 한다.

ㅁ 심리적 안정감

스피치는 많은 사람을 대상으로 하고 한정된 시간 내에 전하고자 하는 말을 끝내야 한다는 생각, 시간제약과 목적을 달성해야 한다는 심리적 부담 때문에 정신적인 구속이 가해진다.

또한 실수하지 않고 잘해야 한다는 부담감으로 불안, 초조, 긴장 등이 고조되기도 한다.

이러한 심리적 갈등을 어떻게 극복하느냐에 따라
스피치의 성패가 좌우되므로 무엇보다 중요하다.

□ 발표 불안증을 극복하는 방법

발표불안을 극복하는 최상의 방법은 역설적이지만 대중 앞에서 스피치를 자주 경험하여 발표 불안의 면역성을 키우는 것이다.
타인들이 발표 기회를 만들어 주기 전에 자신이 기회를 적극적으로 만들어서 경험하는 것이 가장 효과적인 방법이기 때문에
회의에서의 의사발언, 모임에서의 안건제시 등 생활 속에서 작은 것부터 자신이 할 수 있는 것을 실천하기 바란다.

"진정한 용기란 두려워하지 않는 것이 아니라
두렵지만 행동으로 옮기는 것이다."

□ 효과적인 전달 능력

좋은 상품이라도 전달을 잘못했기 때문에 소비자의 손에 닿지 않고 사라지는 상품들이 얼마나 많은가?
미국의 심리학자 '메라비안'에 의하면 같은 말이라도 목소리에 따라 의사 전달 효과가 38%나 좌우 된다고 하며, 하버드 대학에서 연구, 조사한 바에 따르면 청중의 80% 이상이 말하는 사람의 목소리만으로 그의 신체적, 성격적 특성을 규정짓는다고 하였다.
목소리는 연사의 이미지를 결정짓는 중요한 요소가 되며, 나아가 의미 전달효과에도 큰 영향을 미치게 된다.

ㅁ 신뢰와 호감을 주는 음성 개발하기

단계별 발성 : 자신의 목소리를 단계별로 나눌 수가 있다.
4단계, 5단계, 10단계 등으로 나눌 수 있다.

발성의 단계는 아주 중요한 기본 발성으로서 자신의 음성을 정확히 알게 하고 고저, 강약, 장단의 연습을 통해 신뢰와 호감을 주는 음성을 개발할 수 있다.
음성학적으로 음도라고 하는 것은 자기음성의 10%의 소리를 10도 음이라고 하고 100%의 소리를 100도 음이라고 한다.
10도 음부터 20,30 ~ 80, 100도 음까지 계단식으로 음을 구분해서 발성연습을 하면 자신의 음성을 입체적으로 표현할 수 있어 의미전달을 잘 할 수 있다.
가령 4단계 발성연습은 25%, 50%, 75%, 100%이며
5단계일 경우 20%, 40%, 60%, 80%, 100%임을 의미하며
10단계일 경우 10%, 20%, 30%, 40%, 50%, 60%, 70%, 80%, 90%, 100%이며
일반적으로 대화의 경우 20%내외, 강의는 40%내외, 성내어 외칠 때는 70%내외이며, 목소리를 최대로 발악할 때가 100%라고 생각할 수 있다.

ㅁ 실습 - 음도 연습

각자 팀을 만들어서 4단계, 5단계 및 10단계로 연습합니다.

○ 4단계 연습

나는 할 수 있다. -25음도

당신도 할 수 있다. -50음도

우리는 할 수 있다. -75음도

우리 모두는 할 수 있습니다. -100음도.

○ 5단계 연습

태산이 높다하되- 20음도

하늘아래 뫼이로다-40음도

오르고 또 오르면 -60음도

못 오를리 없건 만은-80음도

사람이 제 아니 오르고 뫼만 높다하더라-100음도.

푸른 초원에 깔리는- 20음도

말발굽 소리와 함께- 40음도

인디언의 북소리가 들리는- 60음도

저 높은 언덕으로- 80음도

뛰어올라갑시다.- 100음도

파도야 어쩌란 말이냐- 20음도

파도야 어쩌란 말이냐- 40음도

고기잡이 나가신 아빠는- 60음도

아직도 소식이 없는데- 80음도

파도야 어쩌란 말이냐- 100음도

□ 복식호흡법

스피치에서 호흡법은 숨을 들이 마시면 배가 자연스럽게 나오고 말을 할 때에는 배에 힘이 들어가는 복식호흡이 바람직하다.
그러나 현대인들은 가슴으로 얕게 숨을 쉬는 흉식 호흡을 해서 빈약하고 조급한 목소리와 짧은 스피치에도 목이 쉽게 잠기는 것을 볼 수 있다.
항상 자신의 호흡을 점검하며 복식호흡을 생활화하여 좋은 음성과 건강을 유지하도록 한다.

ㅁ 효과적인 말하기 훈련법

표현을 잘하는 사람과 못하는 사람의 가장 중요한 차이는 말의 억양이나 속도에 변화를 주느냐, 주지 않느냐 이다.
처음부터 끝까지 단조롭게 표현하면 듣는 사람을 지루하게 듣고, 의미전달을 효과적으로 할 수도 없다.
음성의 강약과 높고 낮음. 그리고 빠르고 느림이 잘 조화된 언어 표현을 익혀야 한다.

ㅁ 띄어 말하기

글을 쓸 때는 단어 중심으로 띄어 쓰지만 말에서는 그 의미나 흐름에 맞추어 어구를 한 단위로 묶어서 말 하는 것이 보통이다.
즉. 한 어구 안에서의 낱말을 붙여서 표현하는 것이 물 흐르듯 자연스럽다는 뜻이다.

ㅁ 음성의 고저, 강약, 완급

내용이 좋은 신문사설을 선택하여 말의 강약, 어조의 빠르기에 변화를 주며 말하되 읽는 것이 아니라 마치 친구에게 말하듯이
자연스럽게 천천히 그리고 약간 큰소리로 읽는다.

문장 끝에 '있다.', '없다.', '것이다.',를

'있습니다.', '없습니다.', '것입니다.'로(구어체) 바꾸어서 읽는다.

예문)신문사설

+++++++++++++++++++++++++++++

+++++++++++++++++++

ㅁ 감정이입

억양이나 속도에 변화를 주고 띄어 말하기를 한다 하더라도 화자가 자기의 말에 진심과 열성을 담지 않고 건성으로 말한다면, 결코 청자의 마음을 사로잡을 수 없다. 말의 내용과 일치되는 감정을 목소리와 표정에 담아야 한다.

**유명한 연설문 예시

<u>44대 오바마 미국대통령 취임연설문중</u>

친애하는 국민여러분!

저는 우리선조들의 희생을 기리는 마음으로

여러분들이 제게 보내준 신뢰에 감사하는 마음으로

그리고 우리 앞에 놓여진 책무를 겸허히 생각하는 마음으로

오늘 이 자리에 섰습니다.

저는 부시대통령이 정권인수과정에서

보여준 아낌없는 배려와 협력

그리고 그가 그동안 나라를 위해 헌신하신 데 감사드립니다.

새로운 도전들이 우리를 기다리고 있습니다.
우리가 그 도전들을 맞이할 때
사용할 도구들도 새로울 것입니다.
하지만 우리의 성공이 달려있는
정직,근면,용기,공정성,인내,호기심,성실,애국심과 같은
덕목들은 오래되고 또한 진실 된 것들입니다.

공동의 위험에도 불구하고
이러한 역경을 겨울에도 불구하고
이 불멸의 구절들을 기억하도록 합시다.
희망과 미덕을 가지고 다시 한 번 살을 애는듯한 조류에
용감히 맞섭시다.
그리고 어떤 폭풍우가 다가오더라도 참고 견딥시다.
우리가 시험에 들게 되었을 때
우리는 이 여정을 끝내기를 거절했다고
결코 등을 돌리거나 뒷걸음치지 않았다고
우리 아이들로 하여금 말할 수 있게 합시다.

ㅁ 연단의 매너와 이미지 메이킹

'몸은 입보다 더 많은 말을 한다.' 는 이야기가 있다.
그 만큼 스피치에 있어서 표정이나 제스처가 중요하다.
몸은 의사표현의 직접적인 수단이 되기도 하고
때로는 간접적인 의사보충 효과를 수단이 되기도 하고
때로는 간접적인 의사보충 효과를 나타내기도 한다.

ㅁ 무엇을 말 할 것인가?

우선 무엇을 알아야 말을 한다.
먼저 퍼스널 브랜드(personal brand)인 자신에 대한 철저한 분석을 해서 자신의 감정을 발견해야 한다.
지금까지 무엇을 해왔는가?
차별화된 전문적이고 경쟁우위의 능력은 무엇이며, 회사 또는 집단 내에서 저 사람이 없다면 이 분야에서 일이 안 된다는 소리를 듣는, 나만 할 수 있는 영역은 무엇인가? 등

1. 자신의 감정을 생각나는 대로 자유롭게 모두 적는다.
2. 그 내용을 절반으로 줄인다.
3. 그 내용을 정리하여 한 장에 적는다.
4. 마지막으로 내용을 검토해 본다.

이것이 바로 당신이 PR해야 할 핵심적인 부분이다. 자신을 정확히 알기 위해서는 상대에게 유익한 피드백을 받는 것도 좋은 방법이다.

□ 자신의 브랜드 구축하기

언제나 똑같은 사람과 만나 대화를 나눈다면 새롭고 도전적인 아이디어를 얻을 수 없다. 따라서 자신이 선망하는 바를 행하고 자극을 줄 수 있는 사람과 다양한 분야와 각계각층의 사람들을 자주 만나는 것도 좋은 방법이다.

그리고 언제나 호기심을 갖도록 한다. 호기심은 자신을 브랜드화 하려는 사람들에게 필수불가결한 것이기 때문이다.

■ 스피치 준비의 3대 기본 [3P 분석]

◆ 스피치 상황을 이해하라.

어떤 일에서든 준비가 중요하다는 것을 모르는 사람은 없다. 그러나 대부분 준비를 소홀히 하여 실제 스피치에서 실패하는 경우를 종종 보게 된다. 왜 그럴까? 원인은 안일하게 생각하거나 귀찮게 생각하거나 바쁘다는 등으로 인한 준비 부족으로 일어날 실패를 떠올리지 못하는 경우이다.

어떤 이유든 "시간이 별로 없어 준비를 못한 결과였습니다."라고 변명하는 불행한 일이 있어서는 유능한 사람으로 인정받기는 어렵다.

스피치를 잘하기 위해서는 준비과정에서부터 무엇보다 스피치 상황 전반에 대한 종합적인 판단과 이해다.

자기가 말한 상황에 대해서 잘 안다는 것은 스피치의 반을 성공한 것이나 다름없다.

◆ 목적 - 듣는 사람 - 장소 분석이 스피치 준비의 기본이다.

시간을 절약하면서 빠르게 스피치 준비를 구성하는 방법이 있다. 목적 - 청자 - 장소를 분석하는 일이다.

이것은

첫째, Purpose(스피치목적),

둘째, People(듣는 사람),

셋째, Place(장소)를 말한다.

만약 당신이 명석한 두뇌의 소유자라면 신뢰에 값을 하는 사람이 되기 위해 무슨 목적으로, 누구를 상대로, 어디에서 스피치를 할 것인지 미리 분석해야 한다.

그러나 대부분의 경우 스피치가 끝났을 때야 이것들을 알아차리는 경우가 있다.

- 목적, 듣는사람, 장소 분석
- Out-line(요점) 작성
- 핵심 정리 (명제) 작성
- Index(목록)카드 작성
- 비주얼 툴(영상도구/파워포인트 등) 사용 여부
- 리허설(실제연습)

◆ 스피치 훈련의 5가지 기본

1) 무엇을 말할 것인가를 찾아내고(invention) - 주제 발견
2) 논점의 비중에 따라 정리 배열하고(arrange) - 논거 배열
3) 문어적 장식(literary style) - 문어 장식
4) 연습하여 내용을 숙지하여(memory) - 기억
5) 매력적으로 발표(delivery/ presentation)

이러한 과정을 스피치에서 습관화하면 자연스럽게 스피치 준비가 완벽하게 되고 쉽게 논리적인 스피치를 할 수 있다.

이 중 상위의 세 가지

1) 주제 발견술
2) 논거 배열술
3) 문어 장식술 은 문장술의 기본으로 발전해 왔다.

■ 1분 자개소개 스피치 요령

① 바른 자세로 말하라.

바른 자세를 가지고 발성을 할 때, 보다 명쾌하고 좋은 소리가 난다.

복식호흡이 가능하다면 더할 나위 없겠지만, 안 된다면 배에서 소리를 낸다는 기분으로 배에 힘을 주고 말을 하도록 한다. 배에서 소리를 낼 경우, 목에서 나오는 소리보다 명확하게 들리고 말에도 힘이 느껴진다.

서서 말하는 것이 좋지만 대부분 앉아서 진행되므로

자세를 최대한 바르게 하여 또렷하게 말해야 한다.

② 너무 완벽하게 하려고 하지 마라.

'절대 실수를 해서는 안 된다.', '완벽하게 해 내야 한다.', '뛰어나 보여야 한다.', '해야만 한다.' 생각은 부담을 주게 되고, 부담은 제 모습을 잃어버리게 하여 자신감을 떨어뜨린다.

'해내야만 한다.'라는 마음을 '하고 싶다.'라는 마음으로 바꾸자. 잠을 '자야만 한다.'와 '자고 싶다.'는 엄청난 차이가 있다. 마찬가지이다.

세상에 그 어떤 것도 완벽한 것은 없다. 실수하지 하지 않으려고 너무 애쓰지도 말고, 청산유수처럼 말하려고 지나치게 노력할 필요도 없다. 그렇다고 대충하라는 뜻은 아니다. 단지, 최선을 다해야 된다는 얘기다. 완벽하게 하지 말고 최선을 다하라.

③ 자신 있게 말하라.

자기소개를 할 때는 밝은 음성과 자신감 있는 확신에 찬 말투를 사용해야 한다. 설득은 지식과 정보로 인해 되는 것 같지만, 실제로는 말하는 사람의 확신과 믿음의 전달을 통해 이루어진다.

짧은 시간 안에 그러한 믿음을 전달하는 것은 확신에 찬 말투와 눈빛이다. 당당하고 자신 있게 말해야 한다.

④ 표준발음과 억양을 사용하라.

친숙한 발음과 억양이 귀에 잘 들어온다. 익숙하지 않은 발음과 억양은 듣는 이를 불편하게 한다.

듣는 사람이 잘 알아들을 수 있도록 표준 어휘와 억양을 사용하고 정확한 발음으로 말한다.

또한, 기계음처럼 고저장단(高低長短)이 없이 말하는 경우는 책을 읽는 것 같은 느낌을 주게 되므로 효과적으로 메시지를 전달하기 어렵다.

평소 대화시보다 조금 느린 속도로 강세를 주면서 말하는 것이 좋다. 연습을 해도 잘 되지 않는다면 자신의 진솔한 마음을 담아서 말한다면 한결 나을 것이다.

■ 말을 잘 못하는 사람과 잘하는 사람의 차이점

스피치에 있어서 프로와 아마추어의 차이는 어디에 있을까?
첫째, 말을 시작할 때 사자성어를 동원하면서 유식을 떨면 아마추어, 가벼운 신변잡기로 자연스럽게 풀어 나가면 프로이다. 거창하게 시작한 아마추어는 뒷감당을 하지 못하고 허점을 드러내고 가볍게 시작한 프로는 갈수록 상대를 빠지게 하는 깊이가 있다.

둘째, 말을 풀어 가는 속도가 오토바이가 달리듯 정신없이 쏟아 부으면 아마추어이고, 황소처럼 여유 있게 진행하면 프로이다. 아마추어는 정신없이 쏟아 붓다가 스피치의 방향과 내용을 잃어버리기가 쉽지만 프로는 상대가 가려워하는 곳을 구석구석 긁어가며 공감적인 말을 펼쳐간다.

셋째, 실수가 두려워 말할 기회를 피하려 들면 아마추어, 실수를 최고의 경험으로 알고 말할 기회를 이용하면 프로다. 아마추어는 점점 말할 기회가 없어져 눌변가로 전락하고 프로는 경험이 쌓여 유창한 달변가가 된다.

좋은 스피커가 되려면 말은 교환되는 것뿐 아니라, 교감도 이루어져야 한 다는 생각을 가져야 된다.
다시 말해 지식과 정보・생각을 전달하는 정도에서 끝나는 것이 아니라, 충분한 교감도 이뤄져야 한다는 것이다.
스피치의 교감에서 언어적 요소가 차지하는 비율은 20% 미만이다. 오히려 비언어 적 요소가 80% 이상을 차지하는 것이다.
따라서 교감의 감, 감성의 감을 이루려면 다음과 같은 조건이 필요하다.

첫째, 친근감이다.

친절한 마음을 언어로 빚어내야 한다. 가슴으로 전하는 마음의 언어를 구사해야 한다.

둘째, 역동감이다.

사람들은 역동성을 확인할 때 신바람이 난다. 열정적인 모습으로 자신감을 표출할 때 설득과 확신을 심어줄 수 있다

셋째, 신뢰감이다.

사람은 진실을 확신하는 순간 강한 믿음을 갖게 된다.

넷째, 세련감이다.

옷을 세련되게 입은 사람을 보면 그 사람과 같은 옷을 입고 싶은 충동을 느끼듯이, 다른 사람에게 영향력을 행사하는 힘을 리더십이라 하는데, 진정한 리더십은 바로 세련감에서 나온다.

세련감은 지적 영향력이며, 그것은 곧 전문가적 힘이기 때문이다.

특히 대화에서는 위의 네 가지 요소를 갖추게 될 때

교감을 나눌 수 있다.

사람은 누구나 자신도 모르게 어떤 표정을 내보이며 살아간다. 말은 사람의 인격을 담아내는 그릇이다. 말을 들어보면 그 사람이 어떻게 살아왔고 무슨 생각을 하는지 알 수 있다.

사실 직업이나 경험의 테두리를 벗어나서 말을 하기란 결코 쉬운 일이 아니다.

말을 들어보면 그 사람의 직업은 물론 성격・교양 정도를 가늠할 수 있는 것도 바로 그 때문이다.

말은 곧 그 사람의 인품이다. 이것이 자신을 명품화 시키는 첫 걸음이 될 것이다.

7.4 사회자의 조건

"말 한마디에 천 냥 빚을 갚는다."라는 속담이 있는 것처럼
"아"다르고"어"다른 법이다.
작은 말 한마디라고는 하지만 그 말 한마디가 많은 사람들의 마음과 모임의 분위기를 어떻게 바꾸어 놓을지는 아무도 모르는 일이다.
더욱이 모든 의식이나 집회 레크리에이션 활동의 시작은 말에 의해 시작이 되고 말에 의해 끝난다고 해도 과언이 아니다.
말이란 단어와 생각의 산물이다. 의식이나 모임의 목적을 달성하기 위해 전체의 의견이나 대화를 조율하고 정리하며 진행을 맡을 역할이 필요한데 이렇게 "의식이나 행사의 원활한 흐름과 모임의 목적을 달성하기 위해 진행을 맡은 사람을 우리는 "사회자"라고 부른다. 그러나 우리는 일반적으로 생각하기에 "사회자"는 곧 "웃기는 사람, 웃겨야 하는 사람"으로 인식하고 있다. 마치 고정 관념화되어 있는 듯하다.
물론 사회자는 웃음을 유도할 수 있는 능력이 있어야 하지만
그것이 사회자로서의 전부는 아니다. 행사의 성격 또는 목적에 따라서 사회자의 역할은 달라진다.
준비된 대본을 정확한 발음과 적절한 음성으로 표현해야 하는
의식의 사회자로, 논리적 사고와 철저한 객관자 입장을 바탕으로 공통의 주제를 토론하는 회의의 사회자로, 정해진 순서를 진행하되 나름대로의 분위기 연출을 할 수 있는 프로그램의 진행자로, 시간과 프로그램을 함께 구성하는 연출가적 진행자로
그 성격과 역할을 달리 할 수 있다.

◆ 사회자의 조건과 권리, 의무 ◆

사회자는 자칫하면 탈선하기 쉬운 회의(변론의 형식 등)를 결론을 향해 나가도록 해야 한다.
무리하게 방향설정을 하는 것이 아니라 참가자 개인의 발언이
공평하고 유연하게 받아들여지게 할 필요가 있다.
- 조건: 정서가 안정되어 있을 것, 사고가 부드러울 것, 태도가 성실할 것
- 권리: 발언을 독촉할 권리, 발언을 제지할 권리
- 의무: 공정한 운영, 냉정한 판단, 참가자를 존중하는 태도

◆ 사회를 잘 보기 위한 조건 ◆

사회자가 가장 주의해야 할 것은 장황하게 늘어지지 않도록 순서 있게 토의를 진행시키는 것이다.

그런 가운데 서로 다른 의견을 활발히 주고받음으로서 하나의 합의를 도출했을 때 참가자의 의욕은 더욱 증가하게 된다.

- 인사와 오리엔테이션을 한다.
- 발언하기 쉬운 분위기를 만든다.
- 문제의 대략적인 배경을 설명하고 토의의 관점을 압축한다.
- 질문에 따라서 토의를 활발히 진행한다.
- 전체에 대한 던지기식 질문, 지명식 질문, 릴레이식 질문, 발언자에 대한 되던지기식 질문 요소요소에 논점이나 문제점을 명확히 한다.
- 내용을 요약 분석 전개한다.
- 더욱 새로운 토의 목표나 방향설정을 한다.
- 합의를 성립시키고 확인한다.
- 마지막 인사를 확실하고 정중하게 한다.

◆ 문제해결을 위한 회의 사회 기법 ◆

직장 안에서는 여러 가지 문제가 생기고 그 해결방식도 각 다르다. 그러나 그대로는 조직으로서 잘 기능하지 않기 때문에 회의에 따라 의사와 방법을 통일할 필요가 있다.

이때는 진행에 있어 활발하고 냉정한 마음가짐이 필요하다.

- 문제가 무엇인지 분명히 한다.
- 해결방법을 제시한다.
- 곧바로 부정하지 않는다.
- 각 해결방안을 검토한다.
- 어떤 방법이 가장 좋은지 결정하고 판단 한다.
- 결정한 방법을 실행에 옮긴다.
- 실행이 잘 되어 가고 있는지 체크한다.
- 회의 도중 탈선 등에 대해서는 참가자에게 상처를 주지 않고 잘 수정한다.

◆ 사회자의 기본 스피치와 태도 ◆

- 사회자는 단정한 옷차림과 용모를 갖추고 호감 있는 인상을 갖는다.
- 밝은 인상과 명랑한 태도를 유지한다.
- 기본 예의와 무대예의를 잘 지킨다.
- 당당한 걸음과 눈이 빛나는 태도를 유지한다.
- 차분한 행동으로 여유 있는 모습으로 관리한다.
- 청중을 골고루 응시하며 시원스런 발음과 대화보다 큰 음성으로 말한다.
- 첫 음과 끝 음을 잘 처리하는 음을 조절한다.
  (첫 음을 너무 강하게 끝 음을 흐리게 하지 말 것)
- 중요한 말, 강조하는 내용은 힘 있게 말한다.
- 현장에서 중요한 내용은 즉흥적, 위트, 유머로 잘 리드하는 스피치를 한다.
- 가능한 진행순서에 따른 시나리오를 작성해 놓고 자연스럽게 보면서 말한다.

◆ 사회진행[회의]의 주의점 ◆

- 지나치게 저속한 언어 사용을 삼가
- 구성원을 무시하는 행동과 표정을 삼가
- 함부로 수준에 벗어난 외국어 남용 삼가
- 강렬한 발언자나 호소에 끌려가는 것을 삼가
- 특정인만 발언권을 주는 것을 삼가
- 구성원에게 응어리가 남게 하는 회의는 삼가
- 허무감을 느끼고 돌아가는 진행을 삼가
- 사회의 목적을 상실하는 행위 삼가
- 소수의 의견을 무시하지 말고, 설득하여 동참시키는 언행을 발휘
- 회의(사회)가 끝나면 회의 중 불미스런 일이 없어야 하지만, 있었다면 화해와 양해 유도

◆ 의사봉을 세 번 두드려야 하는 이유 ◆

어떤 의안이 다수의 지지에 의하여 가결되었다 하더라도 의장이 가결을 선포하고 의사봉을 세 번 두드리기 전에는 가결된 의안이 효력을 발생하지 못한다.
첫 번째 의사봉을 두드리는 행위에 내포되어 있는 뜻은,
「여러분들에 의해서 (회원입회의) 안이 가결되었습니다.
앞으로 두 번 두드리면 가결된 의안이 효력을 발생하게 됩니다.」
두 번째 의사봉을 두드리는 뜻은,
「앞으로 한 번만 더 의사봉을 두드리면 여러분들은 여러분에 의하여 의결된 의안에 절대 승복하여야 합니다.」
세 번째 의사봉을 두드리는 이유는,
「의안가결을 마무리 짓습니다.」
이상과 같이 의사봉을 한 번씩 칠 때마다 독립적으로 그 뜻을 가지고 있다. 그러므로 첫 번 두드리고는 회원전부를 둘러보며 이의 가부를 확인하고, 두 번 두드리고도 전체 회원을 둘러보고 이의가 없는지를 확인한 연후에 세 번째의 결정타를 두드려야 한다.

◆ 훌륭한 사회자 ◆

물론 훌륭한 사회자는 행사의 목적을 잘 인식하고 행사 분위기에 맞게 연출가(또는 주최자)가 의도한 목적을 잘 수행할 수 있는 사회자가 훌륭한 사회자라 하겠다.

사회와 사회자에 대한 모든 부분을 함께 연구해보면 더할 나위 없이 좋겠지만 할애된 지면과 레크리에이션과 이벤트에 관한 책자 중 일부이기에 여기에서는 레크리에이션 개념에 근거한

사회, 사회자에 대하여 이야기 하고자 한다.

세계적으로 유명한 사회자 자니카슨!

우리나라에서는 상상도 할 수 없는 한 개인의 이름으로 수 십 년간 진행되어온 토크쇼의 진행자. 자니카슨이 말하는 사회자의 가장 중요한 태도는 반드시 존재하면서도 반드시 존재할 필요 없이 행동하는 것이라고 했다.

한순간에 이루어 질 수 있는 부분은 아니다.

이 일이 아닌 다른 일에서도 나름대로의 목표를 이루기 위해 갖추어야 할 덕목이라 생각이 된다.

- 사회자로서의 기본적 자질 -

가. 구성원 모두에 대하여 배려할 수 있는 포용력

나. 정확하고 공정한 판단력

다. 모임의 분위기에 활력을 주는 윤활유적 역할을 하는 유머감각

라. 질서 유지와 공동목표를 향해 이끌어 갈 수 있는 통솔력

마. 행사의 진행이 어떤 형태로 될 것인가를 미리 예측할 수 있는 예측력

바. 전체의 흐름을 무리 없이 정리하고 통합하는 통합력

사. 원만한 대인관계를 통한 풍부한 경험

아. 포기하지 않고 목표를 달성할 때까지 책임을 질 줄 하는 프로정신

자. 유연하고 침착하게, 정중하지만 부드럽게 대할 수 있는 의연한 태도

차. 지나치게 꾸미거나 아는 척 하지 않는 겸손함

카. 실패에도 넘어지지 않는 도전정신

- 훌륭한 진행자 되기 -

흔히들 '난 끼가 없어서...'라는 말을 자주 한다. 물론 끼가 있어야 되기도 하지만 무엇보다 중요한 것은 노력이 없이는 절대로 훌륭한 프로그램 연출과 그에 따른 진행자가 될 수 없다.
모 광고에서 나왔던 말처럼 못해서 안하는 것이 아니라 안하니까 못 하는 것이라는 말을 한번쯤 기억해 볼 필요가 있지 않을까.

1) 훌륭한 진행자가 되기 위해서는 다음과 같은 노력이 필요하다.

- 정보 수집과 정리가 필요하다
  가. 대상에 적절한 대본 설정
  나. 정보 수집 : 일반적 수집 (전문서적, 신문, 잡지) / 전문 수집(행사 관전, 영상청취, 자문)
  다. 틈만 나면 메모를 해야 한다.

- 끈임 없는 자기 계발이 필요하다.
  가. 자신의 모습을 캐릭터화 해야 한다.

- 자신의 모습을 강하게 어필할 수 있는 하나의 모습이 있어야 한다.
  예를 들면 등장할 때 빠른 댄스 음악에 맞추어 춤을 춘다던지 , 가창력이 있으면 노래를, 아니면 다른 사람을 흉내 내는 성대모사 등을 하나쯤 연습해두면 여러모로 유용하게 쓰일 수 있다.

- 끈임 없이 상상하는 자신이 필요하다.
- 다른 사람이 진행하는 것도 많이 보아야 한다.
- 계속되는 자기비판이 있어야 한다
- 감정의 통제가 필요하다.
- 냉정한 마음과 따뜻한 마음의 조화를 갖도록 노력해야 한다.
- 위기를 처리하는 유연성과 대담성이 필요하다.

2) 진행에는 다음과 같은 모습이 필요하다.

가. 공통된 관심사를 이끌어 낸다. - 다양한 멘트의 소재

나. 애정이 있는 감성적 대화의 분위기 연출 - 참가자들에게 편안한 마음을 줄 수 있음

다. 철저한 계획이 있어야 한다.

- 행사 시간 계획, 출연자 운영 및 관리 계획 등

라. 의외의 상황에 대한 대비-다양한 변수에 대응하는 계획

마. 행사에 대한 기본 사항 (장소, 일시, 대상)에 대한 기본적인 숙지

8. HUMOR - 리더의 유머

아무리 좋은 연설과 특강에서도 한마디의 유머는 기계의 윤활유와 같은 것으로서 성공하는 리더에게는 유머가 필요하다. 유머는 웃음을 유발할 수 있어야 하고 웃음의 효과는 커뮤니케이션의 활력소와 같다.

웃음의 의미, 웃음의 위력, 웃음을 만드는 대화 기술

■ 성공하고 싶다면 일단 웃어라

1. 웃어라, 그래야 성공한다!

살아가면서 가장 찾기 어려운 것 중 하나가 '재미있는 사람'이다.

사람은 웃을 수 있는 능력을 부여 받은 유일한 동물이다.

2. 웃음은 대인관계를 연결시키는 황금다리

웃는 얼굴은 최상의 화장이다.

3. 어린이에게 배워라.

어린이들은 마음이 순수해서 잘 웃는다.

IQ- EQ - MQ - JQ- DQ- HQ -SQ

1) IQ, I.Q.

Intelligence Quotient (지능 지수(指數))

: Improved Quality (품질 향상).

2) EQ

Educational Quotient (교육 지수; [cf.] IQ.)

: Encephalization Quotient.

■ 웃음은 참으로 좋은 약이다.

1. 웃음의 효력

웃음은 힘을 준다. 웃음은 긴장감을 완화, 학습효과를 높여주고 기억력을 증진시켜 준다.

2. 웃음은 만병통치약

하루 15초 웃으면 2일간의 수명 연장을 가져온다.

3. 스트레스의 천적은 웃음이다.

행복을 즐겨야 할 시간은 지금이다.

행복을 즐겨야 할 장소는 여기다.

4. "물은 답을 알고 있다"

우리의 몸은 70% 물로 이루어져 있다.

5. 유머는 정신적 활력소.

'一笑一少'라 하여 한번 웃으면 그만큼 젊어진다. 가장행복한 사람은 가장 재미있는 생각을 하는 사람이다.

■ 웃음과 이미지 경영

1. 이미지테크

자기 관리가 곧 재산이 되는 시대이다.

이미지야 말로 보이지 않는 자산이 된다.

2. 표정이미지

표정은 마음의 거울이다.

표정이 긍정적인 이미지를 구축한다.

3. 좋은 언어생활 그리고 옷차림

언어의 습관이 성품을 결정한다.

좋은 생각과 좋은 말을 하도록 한다.

단정한 옷차림으로 상대방의 호감을 사도록 한다.

4. 건강 이미지

감사하는 마음으로 산다.

칭찬을 아끼지 말자.

◆ 유머는 아무나 하나

1. 유머감각 개발

자신의 웃음과 유머의 재고조사가 필요하다.

순발력과 재치를 키우자.

재치와 유머 있는 사람이 인기가 있고 운명을 바꾼 사람도 있다.

2. 긍정적인 사고방식에서 나온다.

유머를 즐기면 사고를 긍정적으로 발전시키는데 도움이 된다.

3. 웃음으로 나아가는 5단계

하나. 웃음을 사랑하라.

둘. 기뻐서 웃지 말고 웃어서 기뻐져라.

셋. 잘 웃는 사람이 되라.

넷. 부지런히 웃음을 나누어라.

다섯. 웃음노트를 만들어라.

4. "웃음의 10가지 테크닉"

① 힘차게 웃으며 하루를 시작하라.
활기찬 하루가 펼쳐진다.

② 세수할 때 거울을 보고 미소를 지어라.
거울 속의 사람도 나에게 미소를 보낸다.

③ 밥을 그냥 먹지 말라.
웃으며 먹고 나면 피가 되고 살이 된다.

④ 모르는 사람에게도 미소를 보여라.
마음이 열리고 기쁨이 넘친다.

⑤ 웃으며 출근하고 웃으며 퇴근하라.
그 안에 천국이 들어있다.

⑥ 만나는 사람마다 웃으며 대하라. 인기인 1위가 된다.

⑦ 꽃을 그냥 보지 말라. 꽃처럼 웃으며 감상하라.

⑧ 남을 웃겨라. 내가 있는 곳이 웃음천국이 된다.

⑨ 결혼식에서 떠들지 말고 큰 소리로 웃어라.
그것이 축하의 표시이다.

⑩ 집에 들어올 때 웃어라. 행복한 가정이 꽃피게 된다.

9. INNOVATION - 변화와 혁신

오늘날 많은 정보들이 우리 주위에 넘쳐나고 있다.

그것들 중에 선택을 하는 것은 누구의 몫인가?!

바로 나 자신이다.

변해가는 이 세상의 수많은 정보들 가운데 무엇을 기준으로 선택할 것인가?

우선은 내가 원하는 것이 무엇인지에 대한 생각이 필수적이다.

내가 원하는 것이 있고, 그 기준이 있고. 이제는 감각을 살려서 내가 필요한 것이 무엇인지 잘 살펴보자.

국제경제와 나라경제가 불투명할 때,지금 무엇을 어떻게 해야 할까?! 그 답은 바로 변해야한다는 것이다.

더군다나 급변하는 세계경제와 문화에 있어 올바로 적응하기 위해서는, 시대적으로 경영혁신, 자기혁신, 혹은 창조경영 등

세상의 변화에 모두 귀를 기울이면서 빠른 속도로 우리주위의 변화에 잘 적응해야 한다.

원래 변화란 변화된 생각과 행동에서 나오는 것이기에

더욱 시련을 겪고 있는 실정이다.

비즈니스맨들은 그들이 좋았던 시절이나 그때 함께 했던 사람, 조직이나 문화 등에 익숙하다.

그렇기에 그들을 변화시키는 작업에 어려움은 한 겹 더해진다.

이제는 세월가면 승진하고 봉급도 올라가는 탄탄대로는 없다.

즉 앞서가는 사람, 뒷다리 잡는 식으로는 살아남을 수 없는 시대라는 뜻이다.

개인이든 기업이든 철저한 자기 변신이 없고서는 어디서고 버림받는 세상, 약육강식, 무한경쟁의 시대임을 뼈에 새겨야 할 것이다. 그렇다면 변신을 위해 어떤 것들이 필요할까?

우선, **변화를 즐길 줄 아는 유연한 마음자세**가 필요하다.

작고 사소한 변화일지라도, 그것이 외적인 것이든 내적인 것이든 자기 것이 되기까지는 불편한 게 당연하다.

즉 새로운 것에 호기심을 갖고 즐길 줄 아는 자세가 중요하다.

자기 주변에서 일어나는 변화, 자기에게 일어나고 가해지는 변화들을 빨리 받아들이는 유연함이 있을수록 자신에겐 도움이 됨을 명심해야 한다.

이제는 귀하가 가지고 있는 범위 안에서 모든 것을 해결하고 그만큼만 받아들이려 하는 것은 고집에 지나지 않는다.

시대가 변화하면서 서로 간의 커뮤니케이션이나 자기표현 방식이 변화했다.
작은 그릇으로 모든 걸 받아들이려 했다간
스트레스(stress)를 받기 마련이다.
그럼 나는 다른 사람에게 스트레스를 준 적이 있는가?

■ 스트레스가 무조건 나쁜 것은 아니다...???

변화에는 저항이 따르기 마련이다. 사람이든 조직이든 본질 자체가 변화에 적응하는 속성을 지니고 있다.
담배나 술을 좋아하는 사람이라면 이 말을 쉽게 이해할 수 있을 것이다.
'이젠 담배를 끊어야지, 내일부터는 과음을 삼가야지' 하면서도 마음먹은 대로 안 되지 않던가?
건강상의 이유든 무슨 이유든 도저히 끊지 않고는 어떻게 할 수 없는 지경에 이르러서야
결단을 내리는 경우가 많다. 변화 역시 그렇다. 변화하지 않으면 안 되는 궁지에 몰려서야 스스로 변신을 시도하는 것이다.
여러분도 이와 같은 경험 한 적이 많지 않은가

※ 자신의 변화의 경험을 각 팀 구성하여 발표해 봅시다.

성공한 사람들은 변신의 시점을 적절히 잘 수용한 사람들이다.
과감한 자기 개혁을 행동으로 옮겼기에 그들 몫으로 성공을 얻게 된 것이다.
이제 남은 건 이것뿐이다.
'고통이 없으면 얻는 것도 없다(No pain, No gain)'
라는 평범한 세상살이의 지혜로 당신의 과감한 재구성(Reconstruction)에 들어가야 한다는 말이다.
이젠 변화는 필수 과목이다. 아직도 피부로 느끼지 못한 사람이라면 당신의 성공 인생을 만드는 작업은 시작 하나마나다.
이 세상에 살고 있는 이상, 변화에 우리의 몸을 실을 수밖에 없는 세상이 되어 버렸다.
아마 당신은 알을 깨고 새가 나오는 모습을 봤을 것이다.
알은 하나의 세계다. 이제는 알을 깨는 작업을 운명으로 받아들이는 새가 되어보자.
자신 앞의 변화를 온전히 받아들여 자기의 것으로 승화시킬 줄 아는 현명한 사람이 되자.

자! 이제 기지개를 펴고 파워(power)의 날개를 달고,
자신의 비젼(vision)을 향해 힘껏 달려가자.

◉ innovation - 혁신, 일신, 쇄신.
◉ vision - 선견, 통찰력, 꿈, 시야.
◉ No pain, No gain - 고통이 없으면 얻는 것도 없다.

10. PREDICT - 미래예측, 판단법

미래예측 (Future Prediction)

성공하는 리더라면 앞으로 다가올 미래상황을
미리 예측할 수 있는 능력이 있어야 한다.
이는 P-D-C-A 단계의 P단계인 것이다.
즉 Plan을 짤 때 그것이 성공할지 실패할지 예측이 정확해야
조직이나 팀 혹은 그 그룹의 종사자들이 믿고 따르게 되며
앞날의 영광이 있게 마련이다.
21세기는 모든 것이 급변하는 시기이다.

특히 급변하는 것 중의 하나가 기후변화이다.
지금의 이 기후변화에 잘 대처해야
앞으로 우리의 남은 삶이나 후손에게
지속적인 번영의 길이 열리게 되는 것이다.
미래 예측에는 양적인 미래 예측방법과
질적인 미래 예측방법이 있는데
양적인 미래 예측방법으로는 회귀분석법과 시계열분석법이 있으며,
이는 지금까지의 데이터와 자료를 토대로
예측프로그램을 이용하는 것이고
질적 예측방법에는 전문가의 의견을 들어서 예측하는법과
주관적 판단에 의한 델파이 기법이 있다.
스티브 잡스처럼 철학과를 중퇴했지만
정보기술(IT)업계의 신화가 되었듯이
대학 전공을 찾아가는 비율은 40%정도이다.
그렇다면 60%는 전공과 다른 직업을 갖고 있는 것이다.

사람들의 인생은 예측할 수 없을 만큼 변한다.
그것은 자신이 잘할 수 있는 일과
하고 싶은 일 사이에서
길을 잃고 대학진학을 하여
인생을 결정하기 때문이라고 볼 수 있다.
대학진학과 직업에 대한 패러다임을 바꾸지 않는다면
대학생활이 즐겁지 않을 것이고

미래에 대한 꿈과 희망도 뚜렷하지 않다.
우리는 나의 욕망이 아닌 타인의 욕망을 꿈꾸다
나의 행복과는 거리가 점점 멀어지게 된다.

돈을 많이 버는 일이 최고의 직업이라 생각하면
대학생활과 직업은 큰 고민거리가 되지 않지만,
직업은 곧 사람이다 라는 것으로 인식되기 때문에
대학생활과 직업은 인생에서 가장 중요한 시기이며
제2의 인생을 사는 사람에게도 똑 같은 고민과
선택이 기다리고 있다.
누구나 사람은 자기가 하는 일의 관점에서
생각하고 판단하고 살아간다.
따라서 일을 바라보는 관점과 태도에 따라
우리의 삶도 그만큼 달라지게 된다.

나는 어떤 일을 하면서 행복하게 살까?
중요한 것은 "하고 싶은 일이 하면서 살아야한다."

자기 삶의 주인이 되어 행복한 인생을 통해
궁극적으로 타인과 사회에 도움이 되는 일을 해야 한다.
자신이 하는 일에서 보람과 행복을 얻기 위해서는
'무엇'이 아니라 '어떻게'에 초점을 맞춰야 한다

1000개 이상의 직업
세상에 나가 다양한 일을 해보고
역동적인 꿈을 꿔야 할
현실에 안주하지 않는 도전정신
맨손으로 시작할 수도 있고
상상력만으로도 세상을 바꿀 수 있는 직업은 무궁무진
새로움에 대한 도전과 용기이다.

일의 노예가 되는 것도 문제지만
일하는 즐거움을 찾지 못하는 것은 더 심각하다.

자신의 흥미와 적성을 고려하고
능력과 상황이 조화를 이룬다면
우리의 삶은 조금 더 풍요로워질 것이다.

초고령 사회를 앞둔 우리에게 평생직장보다는
인생을 다시 살 수 있는 준비도 필요하다.

조금 더 멀리 내다보고 미래를 꿈꾸는 사람이
행복하게 살 수 있는 법이다.
따라서 이 시대에는 미래를 예측할 수 있는
능력을 가진 리더가 필요한 것이다.

10.1 시계열분석 [時系列分析, time series analysis]

시계열분석법이란 어떤값의 연속적인 관찰값을 토대로
미래 특정 시점의 값을 예측하는 방법을 말한다.
즉 어떤 특정한 대상의 시간적 변동
월별, 주별, 시간별로 계속적으로 관측하여
얻어진 자료에 의거하여 그 변동의 원인 해명 및
미래예측을 위하여 행하는 분석 방법.
즉, 시계열 분석은 시간을 독립변수로 하여
과거에서부터 현재에 이르는 어느 특정
대상[가격・소비 등의 경제현상이나 기온・강우량 등의 자연현상 등]의
변동을 계량적[수량적]으로 분석함으로써
미래를 예측하려는 분석 방법이다.

시계열 분석의 기본적인 방법은
시계열 데이터의 변동을 몇개의 구성 요소로 나누고,
그 중 가장 기본이 되는 구성요소의 변동에 대하여
이미 알려진 곡선 가운데 가장 적합한 것을 적용한다.
시계열 분석은 기획과정에서 미래 예측에의
객관적인 준거(準據)(→준거기준)를 제시하며,
합리적인 판단과 통제에 도움을 준다.

10.2 회귀분석 [回歸分析, regression analysis]

'회귀(regression)'라는 용어는
1889년 영국의 유전학자 골턴(F. Galton)이
아버지와 아들의 키에 대한 유전 관계를
통계적으로 조사한 결과
그 상관관계가 직선을 이루고 있음을 발견하여
그 직선을 회귀직선(回歸直線) 또는
퇴행직선(退行直線)이라 부른 데서 비롯되었다.
이러한 함수관계를 그 뒤 다른 분야에도 적용되어
회귀분석의 기법이 등장한 것이다.

회귀분석의 기법은
오늘날 정책수립(→정책형성)이나 기회의 미래예측을 비롯하여
경제 데이터의 분석과 예측, 심리학과 의학 등 많은 분야에서
널리 쓰이고 있다.

하나의 변수가 다른 변수에 의해 설명된다고 보고
그 함수관계를 조사하는 통계적 해석 기법을 말한다.
즉 조작이나 활동의 데이터와
그에 대응하는 결과의 데이터의 조합을 여러 개 모아
예측 대상의 양[종속변수]에 대한 변동을,
조작이나 활동의 데이터 가운데
그 변동을 설명하는 요인으로 생각되는 데이터[독립변수]로써
예측하기 위해 그 둘 사이의 관계를 구명하는 기법을 말한다.

10.3 델파이 기법 [delphi method, Delphi technique]

델파이 기법이 처음 등장한 것은
1848년으로서 경마(競馬)의 결과를 예측해 보는 데서 시작되었다.
이를 1950년대 말경에 미국의 민간 연구기구인
랜드연구소(RAND硏究所)가 군사전략 연구에 도입하여 발전시켰으며,
1964년 이후에는 각종 산업분야에까지 활용할 수 있도록 개발함으로써
미래의 기술발전이나 생활수준을 예측하는 데도
널리 이용되기 시작하였다.
최근에는 델파이기법으로 미래예측 이외에도
조직의 목표 설정이나 정부의 정책수립 및 기획에 이르기까지
적용 영역이 확대되어 비계량적(非計量的) 분석기법 중
가장 많이 활용되고 있다.

'델파이 기법'이라는 명칭은
미래예측에 관한 문의에 초점을 두고 창안되었으므로,
이 기법을 고대 그리스에서 행하였던 델포이신전(Delphoe神殿)의
신탁(神託)에 비유하여 그것에서 따온 말이다.

델파이 기법은 예측하고자 하는
어느 특정 사회현상에 대하여 그 분야의 전문지식을 가진
전문가들에게 앙케이트를 통하여 의견을 듣고,
그것을 집계한 결과를 다시 앙케이트로서 회답자에게 보내어
그 의견들을 집계한다.

이와 같이 여러 번 앙케이트를 반복하여
전문가의 견해를 수렴(收斂) · 분석하여 예측의 자료를 삼는다.
이러한 방식은 한 사람보다는
여러 사람의 의견을 종합 · 분석하는 것이
보다 신뢰성(→신뢰도) 있는 결과를 얻을 수 있다는
가정을 전제로 한 것이다.
델파이 기법의 가장 두드러진 특징은
예측을 위하여 한 사람의 전문가가 아니라
예측 대상 분야와 관련이 있는 전문가 집단이 동원된다는 점에 있다.
여러 전문가들의 의견을 체계적으로 추출하게 되면
전문가 개개인이 알고 있는 지식이나 정보를 간접으로
교환될 수 있어 알지 못한 부분을 서로 보완을 할 수 있는 이점이 있다. 말하자면 여러 전문가들의 지혜를 한 데 모울 수 있게 되는 셈이다.

또한 이 기법은
첫째, 응답자의 익명을 보장하므로 공적으로 거론하기 어려운
미묘한 사안에 대해서도 솔직한 의견을 들을 수 있고,

둘째 통제된 환류(feed-back)을 포함하는 반복과정을 통하여
미래 예측을 담당한 기관은 미래예측의 논점(論點)에
적절한 정보를 추출해 낼 수 있고,
그것에 참여한 전문가들에게 제시할 수 있으며,

셋째 많은 사람들의 의견을 통계적으로 종합 분석함으로써
미래 사태를 확률적으로 나타낼 수 있는 이점도 있다.

10.4 미래의 경제 예측

산업혁명 이후 노동집약적 산업의 성장으로
농촌인구는 빠르게 도시 노동층에 흡수되어 갔다.
대량생산체제의 아날로그 시대는
엄청난 노동력을 필요로 했기 때문이다.
하지만 경제공황과 2차 세계대전을 거치면서
자동화, 첨단화의 물결이 거세어졌고,
기업들은 가격경쟁력, 생산력 강화를 위해 생산의 자동화를
지속적으로 이루어 왔다.
그 결과 많은 일자리가 기계들의 손으로 넘어갔으며,
잉여 노동력은 서비스업과 자영업쪽으로 흡수되어갔다.
이들을 지탱하는 것은 일자리를 가진 노동자들의 소비였다.
현대의 국가는 소비의 국가다 소비가 국가를 지탱하는 구조다.

하지만 첨단의 시대를 걸을수록
노동력은 그 만큼 줄어야 하는 모순이 생긴다.
과학이 발달하고 인간의 삶을 풍요롭게 하는 신 기술이 탄생하는데,
오히려 인간들의 삶은 빈곤해 지는 모순.
반도체, 핸드폰, 디지털 TV,
앞으로는 나노공학, 생명공학, 인터넷 등
점점 사람의 손을 필요로 하지 않는

고도의 기술이 집약된 산업들이 미래 산업의 중심이 될 것이다.
지금의 미국의 위기의 원인은 바로 이런 모순에서 발생했다.
미래 사회는 노동력을 필요치 않는다.
이는 곧 일자리의 감소를 의미하며,
이런 일자리의 감소는 소비로 유지되는
현대 국가에 치명적 오류를 낳는다.
줄어든 일자리는 줄어든 노동자들의 수를 의미한다.
서비스업과 자영업을 지탱하던 소비가 흔들리는 것이다.
특히 생산직 노동자들의 해고로,
서비스업과 자영업에도 양극화가 발생한다.
일자리를 가진 사람들은 고급기술을 가진 하이칼라가
주류를 이루게 될 것이고,
이들은 질 좋은 서비스와 차별화된 소비를 원한다.
이는 곧 사회 전체의 양극화를 불러 올 것이다.
대형화, 고급화를 실행할 수 있는 자금력을 가진 자영업자나,
서비스업자들만이 살아남을 것이고,
이른 서비스업종사자와 자영업자들은 엄청난 경쟁을 해야 한다.
기업과 정부에서 일자리를 줄이고,
그 여파로 서비스업과 자영업마저 심각한 위기 상황을 맞는다면,
소비로 지탱되는 지금의 국가 시스템은 붕괴 될 것이다.
극심한 양극화, 사회불안・불만 증폭, 중산층의 몰락...
그렇다면 일자리를 잃거나 일자리를 얻지 못한

중산층의 자녀들과 그 아래 위의 계층은 어떻게 해야 하는가?
아마도 붕괴직전의 서비스업과 자영업으로 뛰어들거나,
계속 취업자리를 알아보며 저축한 돈을 쓰고,
신용으로 상품을 구매할 것이다.
여기서 문제가 되는 것은
이들이 수입 없이 삶을 영위해야 하는 상황에 놓이게 된다는 것이다.

일자리를 잃은 사람들은 신용을 통해 상품을 구매한다.
구매력이 없는 신용구매자들이 기댈 곳은 2금융권이다.
집을 담보로 잡고 신용으로 구매를 하고,
제 2금융권은 우량금융기업으로 부터 돈을 융자받는다.
이 과정에서 신용구매자들의 신용이 부풀려 진다.
상환능력이 없는 신용구매자들은 파산하고...
제2금융권도 파산하다.
이는 우량금융기업의 파산을 불러오고
금융권 전체의 유동성 위기를 불러온다...

기업들의 자금압박이 심해지고,
장기적 적자에 시달리던 대형기업들이 무너진다.
우리의 현대 국가는 이런 모순을 가지고 있다.
지금 미국이 자동차회사들을 국유화하다시피하여 살려놨다.
엄청난 공적자금을 투입해 경기를 인위적으로 부여하고 있다.

쉽게 말해서 항생제를 투여하고 있는 것이다.
하지만 실업률은 최고치를 기록하고 있다.
취업이 없는 회복세는 일시적이라고 밖에 볼 수 없다.
미국의 엄청난 경기부양의 효과가 사라지고 거품이 사라지면
어떤 일이 일어날까?
미국은 높은 실업률을 해결해야한다.
이 실업률이 미국의 향후 미래를 결정지을 것이라 생각한다.
지금 전 세계가 신자본주의니 뭐니 해서
모두 성장이 모든 문제의 해결책인양 떠들어 대고 있다.

우리나라 대통령 역시 대기업을 살려 놓으면 중소기업이 살 것이고.. 그럼 일자리가 창출되고 우리나라가 잘 살게 될 것이라고 단언하고 있다. 하지만 그러한 철학에는 인간이중심이 되지 못하는 물질만능주의의 천민자본주의적 근성이 깔려 있다고 생각한다.
국민의 희생을 담보로 이룬 성장이 과연 우리들의 삶에 그만큼의 파급력을 미칠것인가?
성장을 위한 성장이며, 정치적 목적이 있는 성장은 아니던가?
모든 국가 철학에는 인간이 중심에 서야한다!
그렇다고 실패한 공산주의의 망령을 되살리자는 소린 아니다.
지금의 틀위에서 얼마든지 새로운 해법을 찾을 수 있다.
하지만 이대로라면 미국이니 일본이니 너나할 것 없이
고통을 겪게 되지 않을까?

사람이 중심이 되는 사상, 체제, 그 것이 필요 하다고 생각한다.
그렇지 않고 지금의 상황을 계속 이어간다면
재앙적 수준의 고통이 우리를 괴롭힐지도 모른다.
주식, 토지, 인간의 생명 조차도 실제하지 않는 추상적 개념인
'돈'으로 측정되어지는 세상...
우리가 힘들여 번돈이 주식이라는 추상적 가치에 투자되고,
위기가 오면 그만큼의 국부가 날아가는 시스템
지금 현대 사회를 돌아보라,
실제하는 가치가 존재하는가? 잘 생각해 보자.

10.5 기후변동과 기후예측

기후변동과 기후변화 [climate change]

어떤 장소에서 매년 평균적으로 되풀이되고 있는
대표할 만한 대기 상태인 기후가,
태양 활동의 변화 · 화산 분출 · 해수면온도 등 자연적 요인뿐만 아니라
이산화탄소 방출 · 삼림 파괴 · 산성비 · 프레온 가스 등
인위적인 요인에 의하여 점차 변화하는 것을 말한다.
기후 시스템 속에는 대기권, 수권, 빙권, 생권 및 지권의
각종 역학적, 물리적, 화학적 과정들이 복잡하게 얽혀있고,
또 각 과정들 간의 반응속도가 크게 다르기 때문에
외부의 특별한 변화 요인 없이도
기상과 기후는 계속적으로 변하고 있다.
이러한 자연적 기후 변동은 인위적 요인들에 의한
기후 시스템의 반응 정도를 더하기도 하고 덜기도 한다.

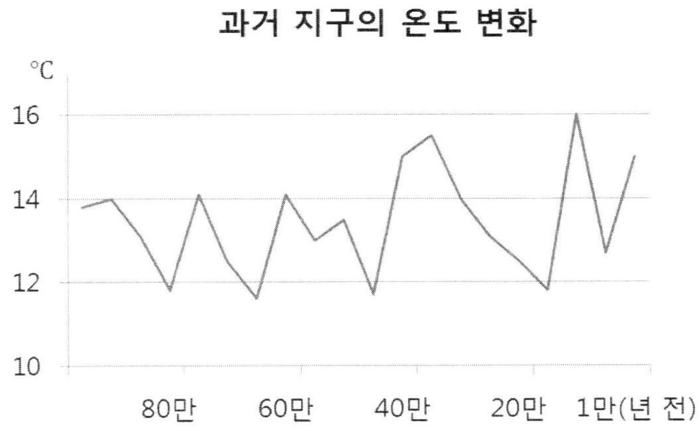

[그림] 과거 90만 년 동안의 온도 변화

위 그림에서 보는 바와 같이 지질학적 고기후 연구를 통하여 우리는 과거 수십 만년 동안 지구에서 여러 차례의 빙하기와 간빙기가 연속되어 왔음을 알고 있다(Imbrie and Imbrie, 1979). 빙하기에는 빙하와 눈이 지구의 많은 부분을 차지하였고, 간빙기에는 열대 우림이 지금보다 상당히 광범위하게 고위도까지 존재했었다(MacCracken and Kutzbach, 1991). 우리 인류의 문명도 이와 같은 기후 변화의 영향 하에서 발달과 쇠퇴를 반복하였다.

고대로부터 세계적인 문명들이 수자원이 풍부하여 기후 변화의 영향을 상대적으로 적게 받는 큰 강 주변에서 시작되었음은 잘 알려진 사실이다.

근래에 와서 전구적인 기후관측은 엘리뇨 현상에 의한,

즉 태평양의 해수면 온도 변화가 적도 지방뿐만 아니라
적도에서 먼 상당히 많은 지역의 기온과 강수량에도
영향을 미치는 사실이 발견되었다(Horel and Wallace, 1981).
특히, 세계 경제의 주요 부문인 농업은
적기 적소에 일어나는 기온변화와 강수에 크게 의존한다.
때에 맞지 않거나 과다 또는 과소한 강수는 오히려 해가 된다.
이 엘리뇨 현상의 원인은 아직 잘 알려져 있지 않으나,
다행스럽게도 아직까지 이에 따른 기후변화는
우리 인류의 경제적, 산업적 구조가 흡수할 수 있는
비교적 짧은 1~2년 기간에 나타났다가 정상 기후 상태로 되돌아 간다.
이 짧은 기후변동은 우리 인류의 문명 자체의 위협은 되고 있지 않으나, 지역적으로는 많은 경제적 타격을 줄 때도 있다.

편집후기

삶을 논하기 위하여 방법론적으로, 보다 쉽고 편리하게 접근하는 것이 행복을 추구하는 지름길이기에 조그만 보탬이 되고자 이 책을 쓰게 되었으며 이 책을 작성하기 위해 인용된 벽보나 사진 및 참고문헌 등을 제공한 분들께 감사의 말씀을 드리고 또한 문구교정에 도움을 준 부산대학교 BIMMS Lab.연구원들께 고마움을 전합니다.

아울러 끝까지 끈기로서 친절하게 집필까지 완성하게 도와준 부산대학교 편집부에 감사한 마음을 전합니다.

끝으로 책을 읽다가 문맥상의 문제점이나 좋은 표현들에 대한 조언들은 언제든지 받아들이겠습니다.

행복을 위한

창의적인 리더십

Creative Leadership for Happiness

초판 1쇄 인쇄 2015년 8월 25일
초판 1쇄 발행 2015년 8월 31일

저　자　　최 원 식

발행인　　김 기 섭
펴낸곳　　부산대학교 출판부
주소－부산광역시 금정구 부산대학로 63번길2(장전동)
전화－(051) 510－1932~3
전송－(051) 512－7812
등록－제카 11-2 1992. 9. 10.

* 잘못된 책은 구입한 서점에서 교환해 드립니다.

정가 15,000원

ISBN 978-89-7316-501-8 03320